**Kauderwelsch
Band 143**

# Impressum

Elfi H. M. Gilissen
**Amerikanisch – Wort für Wort**
erschienen im
REISE KNOW-HOW Verlag Peter Rump GmbH
Osnabrücker Str. 79, D-33649 Bielefeld
info@reise-know-how.de

© REISE KNOW-HOW Verlag Peter Rump GmbH
6. neu bearbeitete und verbesserte Auflage 2013
Konzeption, Gliederung, Layout und Umschlagklappen
wurden speziell für die Reihe „Kauderwelsch" entwickelt
und sind urheberrechtlich geschützt.
Alle Rechte vorbehalten.

| | |
|---|---|
| *Umschlag* | Peter Rump |
| *Layout* | Elfi H. M. Gilissen |
| *Layout-Konzept* | Günter Pawlak, FaktorZwo! Bielefeld |
| *Fotos* | Wolfram Schwieder |
| *Kartographie* | Iain Macneish |
| *Druck und Bindung* | Werbedruck GmbH Horst Schreckhase, Spangenberg |

**ISBN: 978-3-89416-749-3**
Printed in Germany

Dieses Buch ist erhältlich in jeder Buchhandlung Deutschlands,
Österreichs, der Schweiz und der Benelux-Staaten. Bitte
informieren Sie Ihren Buchhändler über folgende
Bezugsadressen:

| | |
|---|---|
| *Deutschland* | Prolit GmbH, Postfach 9, 35461 Fernwald (Annerod) |
| | sowie alle Barsortimente |
| *Schweiz* | AVA-buch 2000, Postfach 27, CH-8910 Affoltern |
| *Österreich* | Mohr Morawa Buchvertrieb GmbH, |
| | Sulzengasse 2, A-1230 Wien |
| *Belgien & Niederlande* | Willems Adventure, www.willemsadventure.nl |
| *direkt* | Wer im Buchhandel kein Glück hat, bekommt unsere Bücher |

zuzüglich Porto- und Verpackungskosten auch direkt über
unseren Internet-Shop: **www.reise-know-how.de**
Zu diesem Buch ist ein **AusspracheTrainer** erhältlich, auf
**Audio-CD** in jeder Buchhandlung Deutschlands, Österreichs,
der Schweiz und der Benelux-Staaten, oder als **MP3-Download**
unter **www.reise-know-how.de**
Der Verlag möchte die **Reihe Kauderwelsch** weiter ausbauen
und **sucht Autoren!** Mehr Informationen finden Sie unter
**www.reise-know-how.de/rkh_mitarbeit.php**

**Kauderwelsch**

Elfi H. M. Gilissen

**Amerikanisch**
*Wort für Wort*

Zu diesem Buch
ist ein AusspracheTrainer
auf Audio-CD erhältlich:
ISBN 978-3-8317-6197-5

Auch als Download:
www.reise-know-how.de

Das gesamte Buch
inkl. AusspracheTrainer gibt es
auch als CD-ROM:
ISBN 978-3-8317-6196-8

To Rosa & Alfons Gilissen,
Lynne, Allyson & Dana Gillette:
Thanx for making it possible!

**REISE KNOW-HOW
im Internet
www.reise-know-how.de**

*Aktuelle Reisetipps
und Neuigkeiten,
Ergänzungen nach
Redaktionsschluss,
Büchershop und
Sonderangebote
rund ums Reisen*

# Kauderwelsch-Sprechführer sind anders!

**W**arum? Weil sie Sie in die Lage versetzen, wirklich zu sprechen und die Leute zu verstehen.

Wie wird das gemacht? Abgesehen von dem, was jedes Sprachbuch bietet, nämlich Vokabeln, Beispielsätze usw., zeichnen sich die Bände der Kauderwelsch-Reihe durch folgende Besonderheiten aus:

Die **Grammatik** wird in einfacher Sprache so weit erklärt, dass es möglich wird, ohne viel Paukerei mit dem Sprechen zu beginnen, wenn auch nicht gerade druckreif.

Alle Beispielsätze werden doppelt ins Deutsche übertragen: zum einen **Wort-für-Wort**, zum anderen in „ordentliches" Hochdeutsch. So wird das fremde Sprachsystem sehr gut durchschaubar. Denn in einer fremden Sprache unterscheiden sich z. B. Satzbau und Ausdrucksweise recht stark vom Deutschen. Ohne diese Übersetzungsart ist es so gut wie unmöglich, schnell einzelne Wörter in einem Satz auszutauschen.

Die **Autorinnen** und **Autoren** der Reihe sind Globetrotter, die die Sprache im Land selbst gelernt haben. Sie wissen daher genau, wie und was die Leute auf der Straße sprechen. Deren Ausdrucksweise ist nämlich häufig viel einfacher und direkter als z. B. die Sprache der Literatur oder des Fernsehens.

Besonders wichtig sind im Reiseland **Körpersprache**, **Gesten**, **Zeichen** und **Verhaltensregeln**, ohne die auch Sprachkundige kaum mit Menschen in guten Kontakt kommen. In allen Bänden der Kauderwelsch-Reihe wird darum besonders auf diese Art der nonverbalen Kommunikation eingegangen.

**Kauderwelsch-Sprechführer sind keine Lehrbücher, aber viel mehr als Sprachführer!** Wenn Sie ein wenig Zeit investieren und einige Vokabeln lernen, werden Sie mit ihrer Hilfe in kürzester Zeit schon Informationen bekommen und Erfahrungen machen, die „sprachlosen" Reisenden verborgen bleiben.

# Inhalt

## Inhalt

   9 Vorwort
10 Hinweise zur Benutzung
11 Unterschiede zum Britischen
14 Dialekte in den USA
17 Aussprache und Betonung
21 Wörter, die weiterhelfen

### Grammatik

24 Hauptwort, Artikel & Fürwörter
27 Eigenschafts- & Umstandswörter
31 Sein, Haben & Tun
34 Tätigkeitswörter & Zeiten
39 Wollen, Können, Sollen
42 Verneinung
44 Satzstellung & Bindewörter
46 Fragen & Aufforderungen
48 Zahlen & Zeit
56 Mengen & Maße

### Konversation

59 Mini-Knigge
61 Anrede, Begrüßen & Verabschieden
63 Smalltalk
68 *Übersicht über alle Bundesstaaten der USA*
76 Einladung & Zu Gast sein

# Inhalt

- 79 Dating
- 82 Liebesgeflüster
- 84 Essen & Trinken
- 98 Shopping
- 110 Unterwegs
- 124 Übernachten
- 130 Kultur & Entertainment
- 140 Natur erleben
- 147 Apotheke & Notfall
- 151 Geld, Post & Telefon
- 154 Polizei

## Anhang

- 155 Buch-, Film- und Webempfehlungen
- 157 Wörterliste Amerikanisch – Deutsch
- 165 Wörterliste Deutsch – Amerikanisch
- 176 Die Autorin

Buchklappe vorne — Wichtige Floskeln & Redewendungen
Lautschrift
Nichts verstanden? – Weiterlernen!

Buchklappe hinten — Fragewörter, Richtungsangaben & Maße
Die wichtigsten Fragen & Sätze
Karte der USA

# Vorwort

## Vorwort

**W**ozu Amerikanisch lernen – da spricht man doch Englisch, oder?! Richtig – aber es ist doch anders als das, was man in der Schule gelernt hat. Fährt man nur nach New York, Boston oder auch San Francisco, wird man Ihr eher britisches Englisch belächelnd verstehen. Je mehr Sie aber in den Süden oder ins Landesinnere vorrücken, desto weniger werden Sie verstehen können, und desto weniger werden Sie verstanden werden. Amerikanisch ist eben doch anders als Englisch – vor allem die Aussprache und der Gebrauch der Wörter. Doch es gibt noch mehr Gründe, sich intensiver auf einen Besuch in Amerika vorzubereiten. In dem Land der unbegrenzten Möglichkeiten darf man sich nämlich oft weitaus weniger Freiheiten herausnehmen als in Europa. Damit Sie nicht unvorbereitet in so manches Fettnäpfchen treten, verrate ich Ihnen im Konversationsteil, wie Sie einen Kulturschock in Amerika vermeiden können. Vorurteile, wie z. B., dass alle Amerikaner oberflächlich seien oder dass es dort keine Esskultur gebe, werde ich Ihnen auch gerne ausreden, damit Sie bei Ihrem Besuch nicht ständig am hotdog stand oder bei fast food restaurants hängen bleiben und sich dann hinterher über das schlechte Essen in Amerika beschweren.

Have fun! *Elfi H. M. Gilissen*

# Hinweise zur Benutzung

**Hören Sie sich Ausprachebeispiele mit Ihrem Smartphone an! Ausgewählte Kapitel im Konversationsteil sind dafür mit einem QR-Code ausgestattet.**

Der Kauderwelsch-Sprechführer besteht aus drei Teilen: aus Grammatik, Konversationsteil und einer Wörterliste (Deutsch – Amerikanisch und Amerikanisch – Deutsch).

Der Grammatikteil fasst sich kurz, bringt Ihnen aber alle wichtigen Strukturen eines amerikanischen Satzes nahe. Jeder Satz ist Wort-für-Wort übersetzt. Diese Wort-für-Wort-Übersetzungen begleiten Sie durch das Buch und helfen Ihnen, die Satzstruktur leichter zu durchschauen und selbst andere Wörter aus den Themenfeldern im Konversationsteil einzusetzen.

| | |
|---|---|
| *Amerikanisch* | **I'd like some of this / that, please.** |
| *Lautschrift* | eid leik ßamᵉv ~~dhiß~~ / ~~dhät~~ pliis |
| *Wort-für-Wort* | *ich'würde mögen manche von dieses / jenes bitte* |
| *Deutsch* | Ich hätte gern etwas hiervon / davon, bitte. |

Wörter, die im amerikanischen Satz mit einem Apostroph verbunden sind, sind auch in der Wort-für-Wort-Übersetzung apostrophiert. Zwischen zwei Wörtern, die man miteinander austauschen kann, steht ein Schrägstrich /.

**Zahlen**

*Um den Umgang mit Zahlen zu erleichtern, ist auf jeder Seite die Seitenzahl auf Amerikanisch und in Lautschrift angegeben!*

Im Konversationsteil finden Sie alle wichtigen Sätze aus der Alltagssprache der Amerikaner, geordnet nach Gesprächssituationen, die für Reisende von Bedeutung sind, sowie interessante Hintergrundinformationen über die amerikanische Kultur.

# Unterschiede zum Britischen

Die Lautschrift zeigt Ihnen, wie man das Amerikanische ungefähr richtig ausspricht – ebenso wie im britischen Englisch gibt es unzählige Arten, ein und denselben Buchstaben auszusprechen. Daher gibt es für jedes Wort und jeden Satz zusätzlich eine Lautschrift.

Die Umschlagklappe hilft, die wichtigsten Sätze und Formulierungen stets parat zu haben, die man mit den Vokabeln aus den einzelnen Kapiteln kombinieren kann. Dort finden sich außerdem schnell die wichtigsten Angaben zur Aussprache und eine kleine Liste der wichtigsten Fragewörter, Richtungs- und Maßangaben, sowie eine Karte der USA. Wer direkt nach seiner Ankunft noch Verständigungsprobleme hat, kann sich erst mal mit „Nichts verstanden? – Weiterlernen!" aus der Umschlagklappe über Wasser halten.

## Unterschiede zum Britischen

**D**ieses Kapitel hilft Ihnen, wenn Sie bereits Englisch in der Schule gelernt haben und jetzt nur noch wissen müssen, was Sie in den USA so nicht sagen können oder anders aussprechen sollten. Für die Unterschiede im Wortschatz und Wortgebrauch kann ich Ihnen keine Regeln nennen. Diese müssen Sie sich einfach merken. Aber was die Schreibweise anbelangt, so kann man sogar ein paar Regeln für die Unterschiede nennen:

# Unterschiede zum Britischen

### Schreibweisen

| | Amerikanisch | Britisch |
|---|---|---|
| -or statt -our *(unbetont)* | color, favorite | colour, favourite |
| -ll statt -l *(betont)* | fulfill, skillful | fulfil, skilful |
| -l statt -ll *(unbetont)* | traveled, equaled | travelled, equalled |
| -og statt -ogue | catalog, dialog | catalogue, dialogue |
| -ck statt -que | check | cheque |
| -ense statt -ence | defense, license | defence, licence |
| -ze statt -se | analyze, memorize | analyse, memorise |
| -er statt -re | center, theater | centre, theatre |
| -e statt -oe / -ae | encyclopedia, maneuver | encyclopaedia, manoeuvre |
| *ohne Endungs-e im Wortstamm* (judge) *statt mit* | judgment | judgement |

Darüber hinaus gibt es einige, deren Regeln nicht so einfach zusammenzufassen sind.

| | |
|---|---|
| jewelry, specialty | jewellery, speciality |
| pajamas, tire | pyjamas, tyre |
| program | programme |
| donut, thru | doughnut, through |
| lite, nite | light, night |

*Die Schreibweisen* lite *und* nite *sind im Amerikanischen etwas flapsige Varianten der üblichen englischen Wörter, kommen aber z. B. in der Werbung sehr häufig vor.*

Die Bildung des Partizip Perfekt kann im Amerikanischen vom britischen Gebrauch abweichen. Drei wichtige Beispiele:

| Grundform | Amerikanisch | Britisch |
|---|---|---|
| learn | learned | learnt |
| proved | proven | proved |
| get | gotten | got |

*regelmäßiges -ed statt -t*
*unregelmäßig statt -ed*
*beide unregelmäßig*

**12** twelve twelv

# Unterschiede zum Britischen

## Wortgebrauch

Hier sehen Sie ein paar typische Unterschiede im Wortgebrauch zwischen Amerikanern und Briten.

*Für den Amerikaner haben die jeweiligen britischen Wörter aber diese Bedeutungen:*

| Deutsch | Amerikanisch | Britisch | |
|---|---|---|---|
| Wohnung | apartment | flat | *flach* |
| Pflaster | band-aid | plaster | *gipsen* |
| Toilette | bathroom | toilet | *Toilette (aber unhöflich)* |
| Windel | diaper | nappy | *von napkin = Serviette* |
| Radiergummi | eraser | rubber | *Kondom, Gummi* |
| Taschenlampe | flashlight | torch | *Fackel* |
| Wackelpudding | jello | jelly | *Marmelade* |
| Ferien | vacation | holiday | *Feiertag* |

## Aussprache

Bei diesen Beispielen ist zwar die Schreibweise gleich, aber die Aussprache unterschiedlich.

| | Amerikanisch | Britisch |
|---|---|---|
| advertisement | ädvört<u>ei</u>sm<sup>e</sup>nt | ädv<u>ö</u>tißm<sup>e</sup>nt |
| secretary | ßekr<u>e</u>terii | ßekr<sup>e</sup>trii |
| tomato | t<sup>e</sup>m<u>ei</u>dow | t<sup>e</sup>m<u>aa</u>tow |
| recess | r<u>ii</u>ßeß | r<u>i</u>ßeß |
| writer | r<u>ei</u>d<sup>e</sup>r | r<u>ei</u>t<sup>e</sup> |
| morning | moornin(g) | mooning |
| herb | öörb | hööb |
| new | nuu | njuu |
| privacy | pr<u>ei</u>veßii | pr<u>i</u>veßii |
| fillet | fil<u>ej</u> | f<u>i</u>lit |
| schedule | ßk<u>e</u>dshuul | sch<u>e</u>djuul |

*m, n und ng bewirken im Amerikanischen, dass benachbarte Vokale richtig schön nasal ausgesprochen werden, im Britischen tun sie dies nicht.*

## Die Dialekte in den USA

**W**enn man sich die Größe der Vereinigten Staaten mit 9.826.630 km² und über 300 Millionen Einwohnern anschaut, kann man sich vorstellen, dass die Bewohner unmöglich eine homogene Sprache sprechen können. Die turbulente Geschichte Amerikas hinterließ in jedem Teil des Landes ihre deutlichen Spuren auch im sprachlichen Bereich. Im Nordosten ließen sich die ersten aus Europa Flüchtenden nieder, vorwiegend Briten, Niederländer, aber auch Deutsche, Dänen, Schweden – eher konservative Völker, die sich ein zweites, besseres Europa in Amerika aufbauen wollten. Nicht umsonst heißen die Bundesstaaten des Nordostens *Neu-England*, und die hier gesprochene Sprache ist dem Britischen am ähnlichsten. Mit der Entwicklung der Industrie im Norden, dem Land der Yankees, breitete sich der Dialekt der Nordstaatler zwischen Kanada, dem Mittleren Westen und der Grenze zu den Südstaaten aus.

*Northern*
*noordhern*
*Nord-*

Das industrielle Herz Amerikas an den Großen Seen. Hier lebt ein großer afro-amerikanischer Bevölkerungsanteil. Diese waren aber keine Sklaven, sondern freie Bürger – Arbeiter in den Fabriken der nordamerikanischen Yankees.

*Midland*
*midlend*
*Mittel-Land*
*(zwischen Nord- und Südosten)*

Das Gegenstück zum Yankee-Land, the Good Ol' South dhe guudowl ßauth – der „gute alte" Süden – wurde von Franzosen regiert, die aus

*Southern*
*ßadhern*
*Süd-*

**14** | **fourteen** foortiin

# Die Dialekte in den USA

Afrika entführte, gekaufte schwarze Sklaven zur Arbeit auf den Baumwollfeldern einsetzten. Hier liegt die Wurzel der Rassenkonflikte. Das afrikanisch-französische Gemisch hat hier am deutlichsten seine Spuren im amerikanischen Dialekt hinterlassen. Hier nennt man das Weißbrot light bread leitbred (ist aber nicht kalorienarm), lightwood leitwud ist das, was man eigentlich kindling kindling (Feuerholz) nennt, und low low ist für die Südstaatler das Muhen der Kuh. Man benutzt das „r" am Silbenende zur Längung des davor stehenden Selbstlautes, wie in car kaa(h) „Wagen", card kaad „Karte", beer biiᵉ(h) „Bier". Beim „ng" am Wortende hört man bereits nach dem „n" auf, wie in workin' wöökin „arbeiten", fishin' fischin „fischen", mornin' mownin „morgen", nothin' nathin „nichts". Das „i" wird genauso wie das „e" ausgesprochen, und man kann somit Wortpaare wie z. B. pin – pen pen („Anstecknadel – Kugelschreiber"), him – hem hem („ihm / ihn – räuspern"), since – sense ßenß („seit – Sinn") nur noch durch den Kontext auseinander halten.

Der trockene Westen des Binnenlands, westlich der Rocky Mountains von der mexikanischen bis zur kanadischen Grenze, ist geprägt von der Goldgräberzeit, der Vertreibung der Indianer von ihrem eigenen Land, den geflüchteten religiösen Gruppen, der Nähe zu Mexiko und vom Erdöl. Der kulturelle Hintergrund dieser Siedler war sehr unterschiedlich, und die Sprachen, die sie mitbrachten, waren es noch mehr. Hier kommt der echte

Western
weßtᵉrn
*West-*

**fifteen** fiftiin **15**

## Die Dialekte in den USA

Cowboy her, der Rancher. Man spricht mit mit breitem „Kaumgummi-Akzent" (drawl draal), die Silben werden in die Länge gezogen. Dabei kommt das amerikanische „r" so richtig zur Geltung.

Die Westküste am Pazifik jagte immer neuen Träumen nach – als Traumfabrik Hollywood und seit den 1960er Jahren als Ursprung alternativer, gesellschaftskritischer Bewegungen im weißen Amerika: Hippies, Emanzipation, Gay-Pride (New York brachte dagegen eher die schwarzen gesellschaftskritischen Bewegungen hervor). Hier leben diejenigen, denen Neu-England zu spießig geworden ist, und die ihr Glück im Weinanbau, der Filmindustrie oder der Computerbranche suchten. Das Amerikanisch der Westküste ist nicht ganz so extrem wie das im Landesinneren.

Wenn Sie die extremeren Dialekte einmal so richtig heraushören möchten, ohne gleich in die USA zu fahren, kann ich Ihnen folgende Filme im englischen Original empfehlen:

**Steel Magnolias**, von Herbert Ross, mit Julia Roberts, Olympia Dukakis, Dolly Parton, Shirley MacLaine, Sally Field und Daryl Hannah. Einer der besten Filme, um den zeitgenössischen Dialekt des Grand Old South kennenzulernen.

**Fargo**, von Ethan und Joel Coen, mit Steve Buscemi und Frances McDormand. Ein unterhaltsames Beispiel für den nördlichen Western-Dialekt.

**16** sixteen ßikßtiin

# Aussprache & Betonung

## Aussprache & Betonung

**B**ritisches Englisch ist schon kompliziert genug, leider ist das Amerikanische auch nicht einfacher. Daher sollten Sie sich die Ausspracheregeln gründlich anschauen.

Damit es richtig amerikanisch klingt, müssen Sie mehrere Wörter eines Satzes ineinander ziehen, und das Ganze am besten mit einem Kaugummi im Mund. Wenn Sie den Satz „I am going to see if he is going to the game; if he is, I am going to go with him." so ausprechen: „eim gaane ßii ifiis goine ~~dhe~~ gejm; ifii is eim gaane gow wi~~dh~~him", dann machen Sie es richtig! In der Lautschrift für Sätze sind daher oft mehrere Wörter zusammengezogen. Wo aufeinander treffende Selbstlaute aber auf jeden Fall getrennt zu sprechen sind, finden Sie in der Lautschrift einen Längsstrich:

variation väri | äjsch<sup>e</sup>n.

### Das amerikanische Alphabet

| | | | | | |
|---|---|---|---|---|---|
| **a** | ej | **j** | dshej | **s** | eß |
| **b** | bii | **k** | kej | **t** | tii |
| **c** | ßii | **l** | el | **u** | juu |
| **d** | dii | **m** | em | **v** | vii |
| **e** | ii | **n** | en | **w** | dabljuu |
| **f** | ef | **o** | ow | **x** | ekß |
| **g** | dshii | **p** | pii | **y** | wei |
| **h** | ejtsch | **q** | kjuu | **z** | sii |
| **i** | ei | **r** | aar | | |

**seventeen** ßev<sup>e</sup>ntiin | **17**

# Aussprache & Betonung

| | Mitlaute (Konsonanten) |
|---|---|
| ß | stimmloses „s(s)" wie in „Gla**s**" |
| | **ra**_c_**e** (Wettrennen), **ß**weet (süß), |
| | **pret**_z_**el** (Brezel) |
| | bei st, sp, sch kein dt. „scht, schp, sch"! |
| ßt | **st**udent · ßtuud<sup>e</sup>nt (Student) |
| ßp | **sp**orts · ßpoortß (Sport) |
| ßk | **sch**ool (Schule) |
| s | stimmhaftes „s" wie in „**S**aft" |
| | **s**ize (Größe), **sc**i**ss**ors (Schere), |
| | **mov**i**es** (Kino), e**x**ample (Beispiel) |
| sch | wie in „**Sch**uh" |
| | **sh**ine (scheinen), **s**ure (okay, sicherlich) |
| | ma**ch**ine (Maschine), o**c**ean (Ozean) |
| tsch | wie in „Ma**tsch**" |
| | mu**ch** (viel), **m**at**ch** (Spiel) |
| dsh | j immer; g vor e, i wie in „**Dsch**ungel" |
| | **G**erman (Deutsch), **j**eans (Jeans), |
| | bri**dg**e (Brücke), a**dj**ective (Adjektiv) |
| j | wie in „**J**ahr". Ein „j" wird manchmal |
| | vor einem u eingefügt: |
| | **y**ear jir (Jahr), **f**e**w** fjuu (wenig), |
| | **u**se juus (gebrauchen), |
| | aber: **new** nuu (neu) |
| k | c vor dunklen Vokalen wie in „**K**ultur" |
| | **c**ash (bar), a**cc**ount (Konto), |
| | z. T. auch das q: li**qu**or (Alkoholisches) |
| r | die Zunge zum Gaumen hochbiegen, |
| | immer mitsprechen, benachbarte |
| | Selbstlaute werden dadurch gelängt |
| | **c**a**r** kaar (Auto), **fi**_r_**st** föörßt (erste) |
| d | t zwischen Vokalen und nach r wie „d" |
| | wa**t**er waad<sup>e</sup>r (Wasser), for**t**y (vierzig) |

*In anderen Kombinationen wird das g meist wie in deutsch „Glas" ausgesprochen.*

*Die Mitlaute m, n und ng werden zwar selbst wie im Deutschen gesprochen, die Selbstlaute in ihrer Nachbarschaft muss man aber schön lang ziehen und durch die Nase sprechen.*

**18** eighteen ejtiin

# Aussprache & Betonung

| | |
|---|---|
| th | das berühmte „tii-ejtsch", ein zwischen den Zähnen gebildeter (d. h. gelispelter) stimmloser Reibelaut **th**anks (danke) |
| dh | so wie „tii-ejtsch", aber stimmhaft **th**ere (da) |
| w | mit gerundeten Lippen gesprochen **w**ish (wünschen), **wh**ere (wo) |

| **Selbstlaute (Vokale)** | |
|---|---|
| a | wenn kurz, dann dumpfer als in „k**a**nn" c**ou**ntry (Land), m**u**st (müssen), **a**bove (über) |
| aa | wenn lang, dann wie in „V**a**ter" f**a**ther (Vater) |
| ä | wie in „M**ä**rchen", aber oft gedehnt **a**nd (und) |
| ej | wie in „h**ey**!", aber meist länger b**a**seball (Baseball), M**ay** (Mai) st**ea**k (Steak), m**ai**n (Haupt-) |
| au | wie in „M**au**s" with**ou**t (ohne), h**ow** (wie) |
| e | geschlossen wie in „g**eh**en", oft gedehnt qu**e**stion (Frage), **e**gg (Ei), fr**ie**nd (Freund) |
| e | kurz und dumpf wie in „bitt**e**" (unbetont) **a**bout (über), butt**er** (Butter) rent**al** (Vermietung) |
| ei | wie in „**Ei**" g**ui**de (Führer), h**ei**ght (Höhe), b**ye** (tschüss), **ai**sle (Gang), b**uy** (kaufen), l**ie** (Lüge) |

**nineteen** neintiin | **19**

# Aussprache & Betonung

| | |
|---|---|
| i | kurz wie in „b**i**tte" <br> b**i**t (bisschen), w**o**men (Frauen), b**u**sy (beschäftigt), b**ee**n (war) |
| ii | langes „i", länger als in „B**ie**r" <br> b**e** (sein), rec**ei**ve (bekommen), p**eo**ple (Leute); vor r klingt es aber oftmals eher kurz: **yea**r jir (Jahr), |
| o(o) | offen wie in „m**o**rgen", oft vor ll; meist gedehnt, oft nach a tendierend <br> b**a**ll (Ball), br**oa**d (weit), s**o**ft (weich) |
| oj | wie in „Ah**oi**" <br> ch**oi**ce (Wahl), b**oy** (Junge) |
| ow | geschlossen und lang wie in „Pank**ow**", endet aber mit deutlichem w („Sh**ow**") <br> **o**ver (über), gr**ow** (wachsen) <br> s**ew** (nähen), th**ough** (obwohl) |
| öö | wie in „**ö**ffnen", aber lang, meist vor r <br> f**i**rst (erst), **ear**n (verdienen) <br> b**ur**n (brennen), w**or**ld (Welt) |
| u | kurzes „u" ungefähr wie in „B**u**s" <br> p**u**ll (ziehen), f**oo**t (Fuß), <br> c**ou**ld (könnte), w**o**man (Frau) |
| uu | langes „u" ungefähr wie in „H**uh**n" <br> t**oo** (auch), bl**ue** (blau), d**o** (tun), <br> **you** (du), cr**ew** (Mannschaft) |

**Kauderwelsch-AusspracheTrainer**

*Falls Sie sich die wichtigsten amerikanischen Sätze, die in diesem Buch vorkommen, einmal von einem Amerikaner gesprochen anhören möchten, kann Ihnen Ihre Buchhandlung den AusspracheTrainer zu diesem Buch besorgen. Sie bekommen ihn auch über unseren Internetshop* **www.reise-know-how.de** *Alle Sätze, die Sie auf dem* **Kauderwelsch-AusspracheTrainer** *hören können, sind in diesem Buch mit einem* 🎧 *gekennzeichnet.*

Ein e am Wortende wird übrigens fast nie gesprochen: culture kaltsch<sup>e</sup>r (Kultur), date dejt (Datum). Die Endung -tion / -sion wird immer zu sch<sup>e</sup>n, z.B. in nation nejsch<sup>e</sup>n (Nation). Wer jetzt nicht mehr durchblickt, dem sei verziehen. Die Aussprache ist wirklich ein Durcheinander! Es ist aber halb so schwer, wenn man den Amerikanern eine Weile aufmerksam zuhört.

20 | **twenty** twendii

## Wörter, die weiterhelfen

**D**ie absoluten Grundbegriffe sind natürlich „ja" und „nein". Diese zwei kleinen Wörtchen gibt es in mehreren Varianten: yes / yeah / yep = jeß / je^e / ja / jap bzw. no / nope / nah = now / nowp / naa. Wer präziser werden möchte, sagt:

| (for) sure | (f^er) schur | Sicher! |
|------------|--------------|---------|
| you bet | juu bet | Na klar! |
| great | grejt | Super! |
| awesome | aaß^em | Klasse! |
| ok | owkej | Okay. |
| no way | now wej | Auf keinen Fall! |
| forget it | f^ergedit | Vergiss es! |
| really | riilii | Wirklich? |
| maybe | mejbii | Vielleicht. |
| whatever | wadev^er | Wie auch immer. |
| let me see | lemmi ßii | Mal schauen! |
| hold on | howldaan | Einen Moment! |

no way *bedeutet auch ein ungläubiges „Wirklich?"*

Immer wenn Sie jemanden unvermittelt ansprechen wollen, sollten Sie mit „Entschuldigung" anfangen: Excuse me, ... ikßkjuusmii.

**Excuse me, could you help me, please?**
ikßkjuusmii kudj^e helpmii pliis
*entschuldige mich könnte du helfen mir bitte*
Entschuldigung, können Sie mir bitte helfen?

„Bitte" verwendet man im Amerikanischen viel häufiger als bei uns, aber please pliis kann man

**twenty-one** twendiiwan | **21**

## Wörter, die weiterhelfen

nur sagen, wenn es sich um eine Bitte handelt. Ansonsten verwendet man je nachdem:

*you're welcome ist die Antwort auf „Danke".*

**You're welcome.**
j<sup>e</sup>r welkam
*du'bist willkommen*
Bitte, gern geschehen.

*here you are sagt z. B. die Kellnerin oder Verkäuferin, wenn sie das Gefragte bringt.*

**Here you are.**
hir jaar
*hier du bist*
Hier, bitte. *(etwas Bestelltes oder Erbetenes)*

**Huh? What did you say?**
ha wad didj<sup>e</sup> ßej
*hä was tatest du sagen*
Wie bitte?

Und bedanken kann man sich mit ein paar Varianten von „danke":

**Thank you. / Thanks. / Thanx.**
t̶h̶änkjuu / t̶h̶änkß / t̶h̶änkß
*danke dir / danke / danke*
Danke.

**Thanks a lot. / Thank you very much.**
thänkß<sup>e</sup>laat / t̶h̶änkjuu verii matsch
*danke ein Menge / danke dir sehr viel*
Vielen Dank.

Hier die wichtigsten Sätze auf einen Blick, die Sie gleich bei Ankunft brauchen können:

**22** twenty-two twendiituu

# Wörter, die weiterhelfen

**I'm looking for ...**
eim lukin f<sup>e</sup>r
*ich'bin schauend für*
Ich suche ...

**Excuse me, where's ...?**
ikßkjuusmii wers
*entschuldige mich wo'ist*
Wo ist ..., bitte?

*Einfach die
passenden Artikelform
voranstellen:*
the ~~dh~~e *der / die / das*
a ᵉ *ein(e/r)*
this ~~dhiß~~ *dies*
that ~~dh~~ät *jenes*

| restroom | reßtruum | Toilette |
|---|---|---|
| address | ädreß | Adresse |
| hotel | howtel | Hotel |
| diner | dein<sup>e</sup>r | Restaurant |
| bank | bänk | Bank |
| hospital | haaßpid<sup>e</sup>l | Krankenhaus |
| police | p<sup>e</sup>liiß | Polizei |
| gas station | gäß ßtejsch<sup>e</sup>n | Tankstelle |
| cab | käb | Taxi |
| train station | trejn ßtejsch<sup>e</sup>n | Bahnhof |
| bus terminal | baß töörm<sup>e</sup>n<sup>e</sup>l | Busbahnhof |
| subway | ßabwej | U-Bahn |

**I need ...**
ei niid
*ich brauche*
Ich bräuchte ...

**Do you have ...**
dj<sup>e</sup> häv
*tust du haben*
Haben Sie ...?

| some water | ßam waad<sup>e</sup>r | etwas Wasser |
|---|---|---|
| coffee | kaafii | Kaffee |
| tea | tii | Tee |
| sandwiches | ßänwitsch<sup>e</sup>s | belegte Brote |
| cigarettes | ßig<sup>e</sup>retß | Zigaretten |
| lighter | leid<sup>e</sup>r | Feuerzeug |
| tissue | tischuu | Taschentuch |
| help | help | Hilfe |

**twenty-three** twendii~~thrii~~

## Hauptwort, Artikel & Fürwörter

**H**auptwörter (Substantive) haben im Amerikanischen kein Geschlecht. Alle haben daher denselben bestimmten Artikel the ~~dh~~e (vor Vokal ~~dh~~ii) und unbestimmten Artikel a e bzw. an en (das -n wird nur angehängt, wenn das darauf folgende Hauptwort mit einem Selbstlaut beginnt).

*Der bestimmte Artikel wird nicht ganz so häufig verwendet wie im Deutschen. Man findet ihn aber in feststehenden, Eigennamen:*
the USA, the Pacific, the Rockies.

Ebenso einfach ist es mit den hinweisenden Fürwörtern (Demonstrativpronomen). Will man „dieses" ausdrücken, nimmt man this, für „jenes" nimmt man that, und in der Mehrzahl these (diese) bzw. those (jene).

**this place**, **that hotel**, **these boys**, **those cars**
~~dh~~iß plejß, ~~dh~~ädowtel, ~~dh~~iis bojs, ~~dh~~ows kaarß
dieser Ort, jenes Hotel, diese Jungs, jene Autos

Auch die Mehrzahlbildung (Plural) ist keine Schwierigkeit. Man hängt einfach ein -s an das Hauptwort (bzw. -es, wenn das Hauptwort auf -s, -sh, -ch, -x oder -z endet). Auf -f oder -fe endende Wörter wandeln dieses oft in -ves.

| Gebiet | **an / the area** | **areas** |
|---|---|---|
| | en / ~~dh~~ii eriie | eriies |
| Bus | **a / the bus** | **buses** |
| | e / ~~dh~~e baß | baßes |
| Messer | **a / the knife** | **knives** |
| | e / ~~dh~~e neif | neivs |

# Hauptwort, Artikel & Fürwörter

Bei Mitlaut + -y wandelt sich das -y zu -ies (aber nicht, wenn davor ein Selbstlaut steht)

| Dame | **a / the lady** | **ladies** |
|------|------------------|------------|
|      | ᵉ / ~~dh~~ᵉ lejdii | lejdiis |

Es gibt nur wenige Ausnahmen, wie Hauptwörter, ...

... die gar keine Mehrzahl bilden können;

... deren Mehr- und Einzahl identisch sind: fish fisch (Fisch/e), deer dir (Reh/e);

... die nur in der Mehrzahlform vorkommen: glasses gläßᵉs (Brille), pants päntß (Hose);

... und solche, die einfach unregelmäßig sind:

*Ausnahmen bei der Mehrzahlbildung sind in der Wörterliste am Ende des Buches entsprechend gekennzeichnet.*

| Frau | **a / the woman** | **women** |
|------|-------------------|-----------|
|      | ᵉ / ~~dh~~ᵉ wumᵉn | wimᵉn |
| Fuß | **a / the foot** | **feet** |
|      | ᵉ / ~~dh~~ᵉ fut | fiit |
| Kind | **a / the child** | **children** |
|      | ᵉ / ~~dh~~ᵉ tscheild | tschildrᵉn |
| Person | **a / the person** | **people** |
|        | ᵉ / ~~dh~~ᵉ pöörßᵉn | piipl |

Für die besitzanzeigende Form des Artikels, also „des / der" hängt man im Amerikanischen ein 's an das Hauptwort, das den Besitzer ausdrückt. Wenn der Besitzer auf -s, -z oder -ce endet, reicht oftmals der Apostroph.

*Dieser wird nicht mit ausgesprochen.*

**the club's entrance**    ~~dh~~ᵉ klabs entrᵉnß    *der Eingang des Klubs*
**children's books**    tschildrᵉns bukß    *Kinderbücher*
**Chris' house**    kriß hauß    *das Haus von Chris*

**twenty-five** twendiifeiv **25**

# Hauptwort, Artikel & Fürwörter

## persönliche & besitzanzeigende Fürwörter

| | wer | wessen | wem / wen | rückbezügl. |
|---|---|---|---|---|
| ich, mein(s), mir / mich (I wird groß geschrieben) | **I** | **my (mine)** | **me** | **myself** |
| | ei | mei (mein) | mii | meißelf |
| du, dein(s), dir / dich | **you** | **your(s)** | **you** | **yourself** |
| | juu | jur(s) | juu | jurßelf |
| er, sein(s), ihm / ihn, sich | **he** | **his** | **him** | **himself** |
| | hii | his | him | himßelf |
| sie, ihr(s), ihr / sie, sich | **she** | **her(s)** | **her** | **herself** |
| | schii | höör(s) | höör | hörßelf |
| es, sein(s), es, sich | **it** | **its** | **it** | **itself** |
| | it | itß | it | itßelf |
| wir, unser(s), uns | **we** | **our(s)** | **us** | **ourselves** |
| | wii | au^er(s) | aß | au^erßelvs |
| ihr, euer(s), euch | **you** | **your(s)** | **you** | **yourselves** |
| | juu | jur(s) | juu | jurßelvs |
| sie, ihr, ihnen / sie, sich | **they** | **their(s)** | **them** | **themselves** |
| | ~~dh~~ej | ~~dh~~er(s) | ~~dh~~em | ~~dh~~emßelvs |

Für die 2. Person Mehrzahl gibt es neben you auch noch das weitverbreitete und eindeutige you guys jugajs („ihr Kerle", aber auch für Frauen!) sowie regional y'all jool (Südstaaten) und youse juus (New York).

**He's bought a gift for her and himself.**
hiis baad^e gift f^erhöör^en himßelf
*er'hat gekauft ein Geschenk für sie und sich-selbst*
Er hat sich und ihr ein Geschenk gekauft.

**Are you guys coming with us?**
aar jugajs kamin wid~~h~~aß
*seid ihr Kerle kommend mit uns*
Kommt ihr mit uns mit?

Im Amerikanischen siezt man eigentlich nicht, dennoch entspricht you auch dem deutschen „Sie", aber auch „man" (unpersönlich).

**26** | twenty-six twendiißikß

# Eigenschafts- & Umstandswörter

**When hiking you should be careful.**
wen heiking juu schudbii kerf<sup>e</sup>l
*wenn wandernd du solltest sein vorsichtig*
Man / du sollte(st) vorsichtig sein beim Wandern.

## Eigenschafts- & Umstandswörter

**K**ombinieren Sie ein Haupt- oder Fürwort mit einem Eigenschaftswort (Adjektiv), indem Sie eine Form des Verbs be „sein" dazwischen setzen. Schon haben Sie einen Satz: *Das Eigenschaftswort wird niemals gebeugt, sondern bleibt immer gleich.*

| **This is mine.** | **The bag is empty.** |
|---|---|
| ~~dh~~iß is mein | ~~dh~~e bägisemtii |
| *das ist meins* | *die Tasche ist leer* |
| Das gehört mir. | Die Tasche ist leer. |

### Steigern

Wichtige Eigenschaftswörter finden Sie in den passenden Konversationskapiteln oder natürlich in der Wörterliste. So werden die Eigenschaftswörter gesteigert:

| **small** | **smaller** | **smallest** | *klein, kleiner, kleinste* |
|---|---|---|---|
| ßmool | ßmool<sup>e</sup>r | ßmool<sup>e</sup>ßt | |
| **big** | **bigger** | **biggest** | *groß, größer, größte* |
| big | big<sup>e</sup>r | big<sup>e</sup>ßt | |
| **expensive** | **more expensive** | **most expensive** | *teuer, teurer, teuerste* |
| ikßpenßiv | moorikßpenßiv | mowßtikßpenßiv | |

**twenty-seven** twendiißev<sup>e</sup>n | **27**

## Eigenschafts- & Umstandswörter

Alle einsilbigen Eigenschaftswörter und einige mit zwei Silben steigert man, indem man durch Anhängen von -er bzw. -est. Die meisten zweisilbigen und alle mit mehr als zwei Silben steigert man mit more moor und most mowßt:

**It's the best and our most expensive room.**
itß d̶h̶e beßt ᵉnauᵉr mowßtikßpenßiv ruum
*es'ist das beste und unser meist teuer Zimmer*
Es ist unser bestes und teuerstes Zimmer.

Einige wichtige Ausnahmen:

| viel | | gut | |
|---|---|---|---|
| **a lot / many** | ᵉlaat / menii | **good** | gud |
| **more** | moor | **better** | bedᵉr |
| **most** | mowßt | **best** | beßt |

| weit | | schlecht | | wenig | |
|---|---|---|---|---|---|
| **far** | faar | **bad** | bäd | **little** | lidl |
| **further** | föörd̶h̶ᵉr | **worse** | wöörß | **less** | leß |
| **furthest** | föörd̶h̶eßt | **worst** | wöörßt | **least** | liißt |

### Vergleich

Will man Dinge hinsichtlich von Eigenschaften vergleichen, sollte man sich die Wörtchen „als" than d̶h̶än und „wie" as äs einprägen:

**Their room is different than ours.**
d̶h̶er ruum is difrᵉnt d̶h̶änauᵉrs
*ihr Zimmer ist verschieden als unseres*
Ihr Zimmer ist anders als unseres.

# Eigenschafts- & Umstandswörter

**This is just as tiny as I thought.** | as ... as
~~dhißiß~~ dshaßtäß teinii äsei ~~thaat~~ | äs ... äs
*dies ist genau so winzig so ich dachte* | *so ... wie*
Das ist genauso winzig, wie ich es mir vorgestellt habe.

| just as
| dschaßtäs
| *genauso wie*

**There are just as many people as yesterday.**
dher[e]r dshaßtäs menii piipl äs jeßt[e]rdej
*da sind genau so viele Leute so gestern*
Es sind genauso viele Leute da wie gestern.

## Intensität

Wie man im Deutschen, kann man die Intensität von Farben durch Voranstellen von „hell" light leit oder „dunkel" dark daark genauer beschreiben. Und wenn man sich nicht sicher ist, welcher Farbton es genau ist, kann man an die Farbbezeichnung -ish isch anhängen.

*In der Umgangssprache hängt man -ish auch an andere Eigenschafts- oder Zahlwörter, um etwas Ungefähres zum Ausdruck zu bringen, z. B. bei seven:*
sevenish
*„um sieben herum".*

| **green** | **greenish** | **light green** | **dark green** |
|---|---|---|---|
| griin | griinisch | leit griin | daark griin |
| grün | grünlich | hellgrün | dunkelgrün |

## Umstandswörter

Umstandswörter (Adverbien) sind oft einfach an der Endung -ly zu erkennen, die an ein Eigenschaftswort angehängt wird (z. B. rarely rerlii *selten*). Man stellt Umstandswörter vor das näher zu beschreibende Wort:

probably praab[e]blii
*möglicherweise*

recently riiß[e]ntlii
*neulich*

**twenty-nine** twendiinein **29**

# Eigenschafts- & Umstandswörter

*Unregelmäßig ist:* **I mostly don't get homesick.**
good gud *gut,* ei mowßtlii downget howmßik
*aber Umst.* well wel. *ich meistens tue'nicht bekommen Heimweh*
Ich bekomme meistens kein Heimweh.

*Feststehend:* **I feel extremely tired.**
always oolwejs *immer* ei fiil ikßtriimlii tei$^e$rd
never nev$^e$r *nie* *ich fühle extrem müde*
sometimes ßamteims Ich bin ziemlich müde.
*manchmal*
often aaf$^e$n *oft* **Long-distance flights are often delayed.**
long dißt$^e$ntß fleitß aaraaf$^e$n dilejd
*lang-Strecke Flüge sind oft verspätet*
also oolsow *auch* Langstreckenflüge haben häufig Verspätung.

**Do you always eat out?**
only ownlii *nur* dj$^e$ oolwejs iidaut
*tust du immer essen aus*
Isst du immer außer Haus?

again $^e$gen *nochmal* **I'd like to go to that bar again.**
eidleikt$^e$ gowd$^e$ thät baar $^e$gen
*ich'würde mögen zu gehen zu jene Bar nochmal*
Ich würde gerne nochmal in jene Bar gehen.

just dshaßt *nur* **I just want to have a look.**
ei dshaßt waan$^e$ häv$^e$ luk
*ich nur möchte zu haben einen Blick*
Ich will mich nur mal umsehen.

so ßow *so* **We only have a vacant suite.**
wii ownlii häv$^e$ vejk$^e$nt ßwiit
*wir nur haben ein frei Luxuszimmer*
Wir haben nur noch eine Suite frei.

**30** | thirty thöördii

## Sein, Haben & Tun

**A**n den drei Hilfsverben be „sein", have „haben" und do führt kein Weg vorbei. Man braucht sie, um einfachste Sätze zu bilden, Tätigkeitswörter zu verneinen, sowie zur Bildung von Vergangenheit, Verlaufsform und vollendeter Gegenwart. Sie sind unregelmäßig, also muss man sie auswendig lernen!

### sein

*Die Langformen:*

| | | | |
|---|---|---|---|
| **I'm** | eim | ich bin | I am |
| **you're** | jur | du bist | you are |
| **he's / that's** | hiis / ~~dhätß~~ | er / das ist | he / that is |
| **we're** | wir | wir sind | we are |
| **you're** | jur | ihr seid | you are |
| **they're** | ~~dh~~er | sie sind | they are |

| **They're open.** | **That's great!** |
|---|---|
| ~~dh~~er owpᵉn | ~~dh~~ätß grejt |
| *sie'sind offen* | *das'ist großartig* |
| Sie haben geöffnet. | Super! |

Die verneinten Formen bildet man mit not (nicht) bzw. abgekürzt mit -n't:

| | | | |
|---|---|---|---|
| **I ain't** | ei \| ejnt | **I'm not** | eimnaat |
| **you aren't** | juu \| aarnt | **you're not** | jᵉrnaat |
| **he isn't** | hii \| isnt | **he's not** | hiisnaat |

**thirty-one** ~~th~~öördiiwan    **31**

# Sein, Haben, Tun

There ain't no bus today.
~~dh~~erejnt now baß t<sup>e</sup>dej
*da ist'nicht kein Bus heute*
Heute kommt kein Bus.

Entsprechend kann man das auch auf we, they, these, those sowie she, it, that, this anwenden. Allerdings verwendet man bei these, those und this nur -n't, das ohnehin häufiger benutzt wird. In der Umgangssprache, besonders bei den Afro-Amerikanern, wird die Form ain't für alle Personen verwendet.

| haben | | | |
|---|---|---|---|
| I have | **I've** | eiv | ich habe |
| you have | **you've** | juuv | du hast |
| he has | **he's** | hiis | er hat |
| we have | **we've** | wiiv | wir haben |
| you have | **you've** | juuv | ihr habt |
| they have | **they've** | ~~dh~~ejv | sie haben |

*Die Langformen:*

Die verneinten Formen bildet man auch hier mit not (nicht) bzw. abgekürzt mit -n't: have wird so zu haven't, has wird zu hasn't. Wiederum bevorzugt man die Kurzform mit -n't.

| tun | | | |
|---|---|---|---|
| I don't | **I do** | ei duu | ich tue |
| you don't | **you do** | juu duu | du tust |
| he doesn't | **he does** | hii das | er tut |
| we don't | **we do** | wii duu | wir tun |
| you don't | **you do** | juu duu | ihr tut |
| they don't | **they do** | ~~dh~~ej duu | sie tun |

Dies ist wohl die interessanteste der drei Formen, weil wir sie im Deutschen nicht haben.

*Die verneinten Formen:*

**32** | thirty-two ~~th~~öördiituu

## Sein, Haben, Tun

Die verneinten Formen von do sind notwendig, um Tätigkeitswörter zu verneinen. Die verneinten Formen bildet man wiederum mit not bzw. (gängiger) abgekürzt zu -n't.

**I don't like this!**
ei down leik ~~dh~~iß
*ich tue'nicht mögen dies*
Das finde ich nicht schön!

**I don't know where that hotel is.**
ei d<sup>e</sup>nnow wer ~~th~~ät howtel is
*ich tue'nicht wissen wo jenes Hotel ist*
Ich weiß nicht, wo das Hotel ist.

Man braucht dieses Hilfswort aber auch zum Formulieren einer Ja-Nein-Frage, d. h. wenn man kein Fragewort (wer, was ...) verwendet.

**Do you sell any quilts?**
dj<sup>e</sup> ßel enii kwiltß
*tust du verkaufen irgendwelche Steppdecken*
Verkaufen Sie auch Steppdecken?

In positiven Aussagesätzen verwendet man do gerne, wenn die Aussage des Tätigkeitswortes besonders hervorgehoben werden soll:

**They do have many national parks in the US.**
~~dh~~äj duu häv menii näschn<sup>e</sup>l paarkß in~~dh~~<sup>e</sup> juu | eß
*sie tun haben viele nationale Parks in die US*
Sie haben viele Nationalparks in den USA.

**thirty-three** ~~th~~öördii~~th~~rii  **33**

# Tätigkeitswörter & Zeiten

**Z**um Glück ist die Beugung der Tätigkeitswörter (Verben) im Amerikanischen sehr übersichtlich. Wie man sie verneint und bestimmte Zeiten bildet, unterscheidet sich jedoch stark vom Deutschen – daher aufgepasst!

## Gegenwart

Fast alle Personen haben immer die gleiche Form – die Grundform! Nur bei der 3. Person Einzahl *(er/sie/es)* hängt man -s an. Endet die Grundform jedoch auf -ss, -ch, -sh oder einen Selbstlaut, wird -es angehängt. Endet ein Tätigkeitswort auf einen Mitlaut + -y, verändert sich die Endung zu einem -ies.

*Die Regeln für die Bildung der 3. Person sind genau wie bei der Mehrzahlbildung von Hauptwörtern.*

**I buy**, **you pass**, **we wish**, **you fly**, **they go**
ei bei, juu päß, wii wisch, juu flei, ~~dh~~ej gow
ich kaufe, du reichst, wir wünschen,
ihr fliegt, sie gehen

**he** / **she** / **it buys**, **passes**, **wishes**, **flies**, **goes**
hii / schii / it beis, pä́ßᵉs, wischᵉs, fleis, gows
er / sie / es kauft, reicht, wünscht, fliegt, geht

**The store usually opens at 9 a.m.**
~~dh~~e ßtoor juushᵉwᵉli owpᵉns ät nein ej|em
*der Laden üblicherweise öffnet um 9 Vormittag*
Der Laden macht normal um 9 Uhr auf.

**34** | thirty-four ~~th~~öördiifoor

# Tätigkeitswörter & Zeiten

**She lives in New York.**
schii livs in nuu joork
*sie lebt in New York*
Sie wohnt in New York.

Zur Verneinung stellt man die entsprechende verneinte Form des Hilfsverbs do vor das Tätigkeitswort (das selbst unverändert ist):

**They don't stay in this hotel.**
~~dh~~ej down ßtej in ~~dh~~iß howtel
*sie tun'nicht bleiben in dies Hotel*
Sie wohnen nicht in diesem Hotel.

**The TV doesn't work.**
~~dh~~e tiivii dasnt wöörk
*der Fernseher tut'nicht arbeiten*
Der Fernseher funktioniert nicht.

## Verlaufsform

Eine solche Form gibt es im Deutschen nicht, aber Amerikaner verwenden sie, wenn es um Handlungen geht, die noch ein wenig andauern, sich also noch im Verlauf befinden. Man bildet sie mit der gebeugten Form von be + Tätigkeitswort mit der Endung -ing. Endet das Verb auf -e, fällt dieser Selbstlaut dabei weg.

*Die wichtigsten Verlaufsformen:*

to be = being
to have = having
to do = doing

**While I was traveling in the US, ...**
weileiw<sup>e</sup>s trävlin in ~~dh~~e juu | eß
*während ich war reisend in die US*
Während ich in den USA reiste, ....

*Das Wörtchen* while *verlangt immer die Verlaufsform.*

**thirty-five** ~~th~~öördiifeiv  **35**

# Tätigkeitswörter & Zeiten

**She's studying for her final exam.**
schiis ßtadii | in f<sup>e</sup>r<sup>e</sup>r fein<sup>e</sup>l igsäm
*sie'ist studierend für ihre End Klausur*
Sie lernt gerade für ihre Abschlussprüfung.

*Zur Verstärkung verwendet man oft zusätzliche Zeitangaben, wie at the moment, now, today, tomorrow, last week, last month, tonight, ...*

Im Deutschen würde man das Wörtchen „gerade" einfügen, um dasselbe zum Ausdruck zu bringen. Man drückt mit der Verlaufsform im Amerikanischen auch Pläne für die nahe Zukunft (z. B. heute Abend oder morgen) aus:

**We're having leftovers this evening.**
wir hävin leftowv<sup>e</sup>rß ~~dhiß~~iivning
*wir'sind habend Überreste dieser Abend*
Wir werden heute Abend Reste essen.

Da man die Verlaufsform mit be bildet, verwendet man zu ihrer Verneinung das Wörtchen not (nicht) bzw. -n't wie folgt:

**She's not having a party for her birthday.**
schiisnaat häviņ<sup>e</sup> paardi f<sup>e</sup>r<sup>e</sup>r bööṛṭḥdej
*sie'ist nicht habend eine Party für ihr Geburtstag*
Sie macht keine Fete an ihrem Geburtstag.

## Zukunft

Wenn es nicht so sehr um den Verlauf geht, sondern vielmehr um eine Prognose, einen Plan, muss man die Zukunft mit dem Hilfsverb will „werden" bilden. Im Deutschen verzichtet man meist auf „werden"; im Amerika-

# Tätigkeitswörter & Zeiten

nischen ist es aber ein Muss! Will wil und seine verneinte Form won't wownt bleiben immer unverändert und gelten für alle Personen.

*Kurzformen:*
I'll, you'll, he'll, she'll, it'll, we'll, you'll, they'll

**I'll fly to LA tomorrow.**
eil flei tuu el | ej t<sup>e</sup>maarow
*ich-werde fliegen nach L.A. morgen*
Ich fliege morgen nach Los Angeles.

**I won't buy that T-shirt.**
ei wownt bei ~~dh~~ät tiischöört
*ich werde'nicht kaufen jenes T-Shirt*
Ich werde das T-Shirt nicht kaufen.

Ist alles noch nicht definitiv geplant, sondern an eine Bedingung geknüpft, verwendet man would wud bzw. dessen verneinte Form wouldn't wudnt:

*Kurzformen:*
I'd, you'd, he'd, she'd, we'd, you'd, they'd

**I'd buy this one, if I were you.**
eid bei ~~dh~~iß wan ifei w<sup>e</sup>r juu
*ich-würde kaufen dies eins wenn ich wäre du*
Ich würde dieses kaufen, wenn ich du wäre.

## Vergangenheit & vollendete Gegenwart

Die einfache Vergangenheit und die vollendete Gegenwart gibt es auch im Deutschen: „ich flog" und „ich bin geflogen", und sie werden ähnlich wie im Deutschen eingesetzt. Im Amerikanischen ist ihre Bildung nur viel einfacher: In der einfachen Vergangenheit sind alle Formen gleich.

*Vergangenheitssätze werden meist ergänzt durch Zeitangaben wie:* last year, yesterday, three months ago, …

**thirty-seven** ~~th~~öördiißev<sup>e</sup>n **37**

# Tätigkeitswörter & Zeiten

**I**, **you**, **he** / **she** / **it**, **we**, **you**, **they** **waited**
ei, juu, hii / schii / it, wii, juu, ~~dh~~ej wejdᵉd
ich wartete, du wartetest, er / sie / es warteten,
wir warteten, ihr wartetet, sie warteten

Die einfache Vergangenheit bildet man durch Anhängen von -ed an die Grundform. Endet die Grundform jedoch auf einen Mitlaut + -y, wird aus dem -y ein -ied; endet sie auf einen Selbstlaut + -y, wird aus dem -y ein -id. An Grundformen, die auf -e enden, wird nur ein -d angehängt. Besonders merken muss man sich die drei Hilfsverben be, have und do:

*Unregelmäßige Vergangenheitsformen sind in der Wortliste am Ende des Buches immer mit angegeben.*

| I was | ei waas | ich war |
| --- | --- | --- |
| you were | juu wöör | du warst |
| he was | hii waas | er war |
| we were | wii wöör | wir waren |
| you were | juu wöör | ihr wart |
| they were | ~~dh~~ej wöör | sie waren |

Die verneinten Formen sind entsprechend wasn't und weren't. Für have gilt immer had bzw. verneint hadn't. Für do gilt immer did bzw. verneint didn't.

## vollendete Gegenwart

Einfacherweise bildet man die vollendete Gegenwart ausschließlich mit have und der Partizipform des entsprechenden Tätigkeitswortes. Ist das Tätigkeitswort regelmäßig, stimmt es mit der einfachen Vergangenheit überein,

# Wollen, Können, Sollen

z.B. opened, closed. Amerikaner bevorzugen allerdings oft die „normale" Vergangenheitsform auch dort, wo das britische Englisch die vollendete Gegenwart verwendet.

*Die Partizip-Formen der drei Hilfsverben lauten:*
be – been
have – had
do – done

**I've been both to the East and West Coast.**
eiv bin bow<del>th tuu</del>d<sup>h</sup>e iißt<sup>e</sup>n weßt kowßt
*ich'habe gewesen beide zu der Ost und West Küste*
Ich war schon an der Ost- und Westküste.

**I've seen this movie already.**
eiv ßiin <del>dhi</del>ß muuvii oolredii
*ich'habe gesehen diesen Film schon*
Ich habe den Film schon gesehen.

## Wollen, Können, Sollen

**V**on den Verben der Art und Weise, die man mit anderen, den so genannten Vollverben kombinieren muss, gibt es zwei Kategorien.

Die unselbständigen echten Hilfsverben können nur in der Gegenwart (can, may, must) und der Vergangenheit (could, might, should) verwendet werden. Andere Zeiten und die Verlaufsform sind nicht möglich. Verneint werden sie mit not bzw. -n't: can't / couldn't, may not / might not, mustn't / shouldn't. Das ergänzende Vollverb steht hier in der Grundform. Diese Hilfsverben werden nicht gebeugt, sondern sind für alle Personen gleich.

Die selbständigen sind hingegen echte Verben. Sie werden gebeugt, indem man an die 3.

*Diese Langformen sind weniger gebräuchlich:*
cannot, could not,
must not, should not.
*Ungebräuchlich ist auch die Kurzform*
mightn't.

**thirty-nine** <del>th</del>öördiinein **39**

## Wollen, Können, Sollen

Person Einzahl *(er/sie/es)* ein -s anhängt. Dem ergänzenden Vollverb geht immer ein einleitendes to voran. Die Verneinung erfolgt mit den verneinten Formen von do.

### wollen, mögen, wünschen

want to *wollen, möchte*
**He wants to go to Seattle.**
hii waantßte gowde ßii | ädl
*er will zu gehen zu Seattle*
Er möchte nach Seattle gehen.

like to *mögen*
**She likes to surf.**
schii leikßte ßöörf
*sie mag zu surfen*
Sie surft gern.

**He'd like to stay.**
hiid leikte ßtej
*er'würde mögen zu bleiben*
Er würde gerne bleiben.

wish to *wünschen*
**I wish to go home.**
ei wischte gow howm
*ich wünsche zu gehen zu-Hause*
Ich möchte nach Hause.

### müssen, sollen

must *müssen*
(should: *Vergangenheit*)
**He must be tired.**
hii maßbii teierd
*er muss sein müde*
Er muss müde sein.

**He should come.**
hi schud kam
*er sollte kommen*
Er sollte kommen.

need to *sollen*
ought to *sollen*
**He needs to pay.**
hii niidste pej
*er soll zu zahlen*
Er muss zahlen.

**She ought to wake up.**
schii aade wejkap
*sie soll zu wachen auf*
Sie sollte aufwachen.

**40 forty** foordii

# Wollen, Können, Sollen

**Shall we dance?**
schälwi dänß
*sollen wir tanzen*
Sollen wir tanzen?

**She has to leave.**
schii häßt<sup>e</sup> liiv
*sie hat zu weggehen*
Sie muss gehen.

shall  *sollen*

**I've got to go shopping.**
eiv gaad<sup>e</sup> gow schaaping
*ich'habe bekommen zu gehen einkaufend*
Ich muss (jetzt) einkaufen gehen.

have (got) to
*müssen*
*(einen Drang spüren)*

Die zusätzliche Verwendung von got macht das Anliegen dringlicher, drückt also einen starken Wunsch oder Zwang aus.

## können

**He can't sing.**
hii känt ßing
*er kann'nicht singen*
Er kann nicht singen.

**She's able to drive.**
schiisejblt<sup>e</sup> dreiv
*sie'ist fähig zu fahren*
Sie kann fahren.

can  *können*
*(could: Vergangenheit)*

be able to  *können*
*(fähig sein)*

Wenn Sie able verneinen wollen, können Sie not able bzw. in diesem Fall isn't able sagen. Welche Möglichkeiten Sie sonst noch haben, zeigt Ihnen das nächste Kapitel.

## dürfen

**He may drink.**
hii mej drink
*er darf trinken*
Er darf trinken.

**She's allowed to speak.**
schii<sup>e</sup>lauwt<sup>e</sup> ßpiik
*sie'ist erlaubt zu sprechen*
Sie darf reden.

may  *dürfen*
*(might: Vergangenheit)*
be allowed to  *dürfen*
*(Erlaubnis haben)*

# Verneinung

## Verneinung

**E**s gibt im Amerikanischen vier Wörter zur Verneinung. Eines haben Sie bereits kennengelernt:

**not (-n't)** naat **nicht**

Es wird zur Verneinung von allen Voll- und Hilfsverben verwendet. Direkt kann es aber nur an Hilfsverben antreten (do, have, be, must, should, can, could, may, might, will, would), bei Vollverben benötigt man eine Form von do.

**no** now **nein, kein**

So sagt man einfach „nein". Aber man bringt so Verbote zu Ausdruck, bzw. dass etwas nicht vorhanden ist oder nicht akzeptiert wird. No = „kein" kann vor Tätigkeitswörtern in der Verlaufsform sowie vor Hauptwörtern stehen.

**no smoking**
now ßmowking
*kein rauchend*
Rauchen verboten!

**no trespassing**
now treßpäßing
*kein übertretend*
Für Unbefugte
Betreten verboten!

**no vacancy**
now vejk<sup>e</sup>nsi
*kein Leerstand*
Belegt!

**no one**
now|wan
*kein ein*
keiner

**nowhere**
now|wer
*nicht-wo*
nirgendwo

# Verneinung

## non- naan Nicht-

Die Vorsilbe non- findet man in feststehenden
Verbindungen vor Hauptwörtern:

| **non-smoker** | **non-descript** |
|---|---|
| naanßmowk<sup>e</sup>r | naandiskript |
| *nicht-Raucher* | *nicht-beschreibbar* |
| Nichtraucher | undefinierbar |

## un- an un-

Es drückt das Gegenteil von Wörtern aus, ge-
nau wie das deutsche „un-" :

| **unfriendly** | anfrendlii | unfreundlich | |
|---|---|---|---|
| **unhealthy** | anhe̶l̶thii | ungesund | |
| **unable** | anejbl | unfähig | |
| **undress** | andreß | ausziehen | *wörtl.: un-anziehen* |
| **undo** | anduu | öffnen, rückgängig mach. | *wörtl.: un-machen* |

## spezielle Verneinungswörter mit n-

Die Verneinung no ist hier im Laufe der Zeit
mit dem zu negierenden Wort verschmolzen:

| **never** | nev<sup>e</sup>r | nie | ever ev<sup>e</sup>r *jemals* |
|---|---|---|---|
| **never ever** | nev<sup>e</sup>rev<sup>e</sup>r | niemals | either ... or ii̶d̶h<sup>e</sup>r ... oor |
| **neither ... nor** | nii̶d̶h̶er ... noor | weder ... noch | *entweder ... oder* |
| **nothing** | nat̶hin | nichts | thing t̶hing *Ding* |
| **none** | nan | keins | |

**forty-three** foordiit̶hrii **43**

# Satzstellung & Bindewörter

## Satzstellung & Bindewörter

**J**etzt haben Sie schon das Gröbste der Grammatik hinter sich, und ich kann Ihnen jetzt verraten, wie Sie all diese Teile im Amerikanischen in die richtige Reihenfolge bringen.

| wer? | Hilfs- + Vollverb | was? / wo? / wann? |
|------|-------------------|--------------------|
| **Many tourists** | **like to come** | **to New York in spring.** |
| menii turißtß | leikt^e kam | tuu nuu joork in ßpring |
| *viele Touristen* | *mögen zu kommen* | *nach New York im Frühling* |
| Viele Touristen kommen gerne im Frühling nach New York . | | |

| Fragewort | Hilfsverb | wer? | Vollverb | was? / wo? / wann? |
|-----------|-----------|------|----------|--------------------|
| **Where** | **did** | **you** | **buy** | **that surfboard?** |
| wer | did | j^e | bei | ~~dh~~ät ßöörfboord |
| *wo* | *tatest* | *du* | *kaufen* | *jenes Surfbrett* |
| Wo hast du dieses Surfbrett gekauft? | | | | |

Wenn Sie sich an diese strenge Struktur halten, kommen Sie schon zurecht. Egal, was Sie dem Aussagesatz noch an Zeit- oder Ortsbestimmungen hinzufügen, das platzieren Sie immer nur am Anfang oder Ende. Die Einheit *wer-tut-was* bleibt immer als Kern bestehen. Beim Fragesatz müssen natürlich nicht immer alle Komponenten vorhanden sein, aber dennoch immer in dieser Reihenfolge.

Im Deutschen bauen wir Sätze ja sehr häufig um – vermeiden Sie so etwas in Ihren amerikanischen Sätzen!

# Satzstellung & Bindewörter

Ich habe Ihnen jetzt schon viele Wortarten vorgestellt, mit denen Sie kurze Sätze bilden können. Für einen längeren Satz auch mit Nebensätzen brauchen Sie:

*Im Gegensatz zu den deutschen Bandwurm-sätzen sind Sätze im Amerikanischen eher kürzer.*

| | | |
|---|---|---|
| **with – without** | with – wi<del>th</del>aut | mit – ohne |
| **and – or** | än(d) – oor | und – oder |
| **but – because** | bat – bikaas | aber – weil |
| **if ... then** | if ... <del>th</del>en | wenn ... dann |
| **that** | <del>th</del>ät | dass |
| **(in order) to** | (in oord<sup>e</sup>r) tuu | (um) zu |
| **therefore** | <del>th</del>erfoor | daher |
| **because of /** | bikaas<sup>e</sup>f / | wegen / |
| **due to** | duud<sup>e</sup> | aufgrund von |
| **instead** | inßted | anstatt |
| **during / while** | durin(g) / weil | während |
| **when / as** | wen / äs | als |
| **as soon as** | äßuunäs | sobald |

**Pleased to meet you.**

pliist<sup>e</sup> miitj<sup>e</sup>

*erfreut zu treffen dich*

Es freut mich, Sie kennen zu lernen.

**If you don't have a king size, I'll take queen size then.**

ifj<sup>e</sup> downt häv<sup>e</sup> kingßeis eil tejk kwiin ßeis <del>th</del>en

*wenn du tust'nicht haben ein König Größe ich'werde nehmen Königin Größe dann*

Wenn Sie kein großes Doppelbett mehr haben, nehme ich eben das mittelgroße.

**forty-five** foordiifeiv **45**

## Fragen & Aufforderungen

# Fragen & Aufforderungen

**D**ie Satzstruktur kennen Sie bereits, hier sind jetzt alle Fragewörter:

| who | huu | wer, wen |
|---|---|---|
| whose | huus | wessen |
| to whom | t<sup>e</sup>huum | wem |
| which | witsch | welcher |
| what | wat | was |
| what for | watfoor | wozu |
| what kind of | watkeind<sup>e</sup>f | welche Art von |
| with what | wi~~th~~ wat | womit |
| where | wer | wo, wohin |
| where ... from | wer ... fraam | woher |
| why | wei | warum, wieso |
| when | wen | wann |
| how | hau | wie |
| how much | hau matsch | wie viel |
| how many | hau menii | wie viele |
| how long | hau long | wie lange |

Möchte man eine Frage ohne Fragewort (Ja-Nein-Frage) bilden (z. B. „*Hast du Zeit?*"), muss man sich wieder streng an die besondere amerikanische Satzstruktur halten.

**Do you speak German?**
dj<sup>e</sup> ßpiik dshöörm<sup>e</sup>n
*tust du sprechen Deutsch*
Sprechen Sie / sprichst du Deutsch?

# Fragen & Aufforderungen

Sie erinnern sich? Man braucht do zur Verneinung aller Tätigkeitswörter, aber man benötigt es ebenso zur Verneinung aller Fragen ohne Fragewort. Die einzige Ausnahme sind Fragesätze, in denen ein anderes Hilfsverb (be, have, must, shall, should, can, could, may, might, will, would) verwendet wird.

### Have you been to the Grand Canyon?
hävjᵉ bin tuudhᵉ gränkänjᵉn
*hast du gewesen zu der Grand Canyon*
Warst du schon mal beim Grand Canyon?

### Could you pass me the ketchup, please?
kudjᵉ päßmii dhᵉ ketschap pliis
*könntest du reichen mir der Ketchup bitte*
Kannst du mir bitte den Ketchup reichen?

## Aufforderungen

Einfacher geht's nicht. Man verwendet einfach das Tätigkeitswort in der Grundform:

### Come on!
kamaan
*komm auf*
Komm schon!

### Please follow me!
pliis faalow mii
*bitte folgen mir*
Bitte folgen Sie mir!

### Let us go home!
ledᵉß gow howm
*lass uns gehen zu-Hause*
Lass uns nach Hause gehen!

**forty-seven** foordiißevᵉn | **47**

# Zahlen & Zeit

**D**ie Zahlen stehen in diesem Buch auf jeder Seite, damit Sie sie spielend erlernen. Hier gibt es sie noch einmal im Überblick. Die Zahlen von 0 bis 12 müssen sie sich einprägen, dann haben Sie für alle Zahlen bis 99 das Rüstzeug schon bei der Hand.

*Null wird auch*
*o ow gesprochen*

| 0 | **zero** | sirow | 10 | **ten** | ten |
|---|---|---|---|---|---|
| 1 | **one** | wan | 11 | **eleven** | ilevᵉn |
| 2 | **two** | tuu | 12 | **twelve** | twelv |
| 3 | **three** | ~~th~~rii | 13 | **thirteen** | ~~th~~öörtiin |
| 4 | **four** | foor | 14 | **fourteen** | foortiin |
| 5 | **five** | feiv | 15 | **fifteen** | fiftiin |
| 6 | **six** | ßikß | 16 | **sixteen** | ßikßtiin |
| 7 | **seven** | ßevᵉn | 17 | **seventeen** | ßevᵉntiin |
| 8 | **eight** | ejt | 18 | **eighteen** | ejtiin |
| 9 | **nine** | nein | 19 | **nineteen** | neintiin |

*21* twenty-one twendiiwan,
*22* twenty-two twendiituu,
*23* twenty-three twendiithrii, *usw.*

| 20 | **twenty** | twendii | 60 | **sixty** | ßikßtii |
|---|---|---|---|---|---|
| 30 | **thirty** | ~~th~~öördii | 70 | **seventy** | ßevᵉndii |
| 40 | **forty** | foordii | 80 | **eighty** | ejdii |
| 50 | **fifty** | fiftii | 90 | **ninety** | neindii |

| 100 | **(a / one) hundred** | (ej / wan) handrᵉd |
|---|---|---|
| 200 | **two hundred** | tuw handrᵉd |
| 1000 | **(a / one) thousand** | (ej / wan) ~~th~~ausᵉnd |
| 2000 | **two thousand** | tuu ~~th~~ausᵉnd |
| *Million* | **(a / one) million** | (ej / wan) miljᵉn |
| *Milliarde* | **(a / one) billion** | (ej / wan) biljᵉn |

**48** | **forty-eight** foordii | ejt

# Zahlen & Zeit

## Ordnungszahlen (z. B. Stockwerke)

| | | | | | |
|---|---|---|---|---|---|
| 1st | first | föörßt | 6th | sixth | ßikßtth |
| 2nd | second | ßekend | 7th | seventh | ßeventth |
| 3rd | third | thöörd | 8th | eighth | ejtth |
| 4th | forth | foorth | 9th | ninth | neintth |
| 5th | fifth | fifth | 10th | tenth | tentth |

| | | |
|---|---|---|
| 11th | eleventh | ileventh |
| 12th | twelfth | twelfth |
| 20th | twentieth | twendiieth |
| 21th | twenty first | twendiiföörßt |

In den USA zählt man Stockwerke nicht wie in Deutschland. Das Erdgeschoss heißt nämlich first floor föörß(t) floor, danach geht es weiter mit second floor ßekend floor (1. Stock!) usw.

## Häufigkeit (wie viel Mal)

Diese kann man ganz einfach mit dem Zahlwort und time(s) ausdrücken. Für *ein* und *zwei Mal* gibt es jedoch eine weitere Form.

this / next / last time
dhiß / nekßt / läßt teim
*dieses / nächstes / letztes Mal*

| | | |
|---|---|---|
| **one time / once** | wan teim / wanß | ein Mal |
| **two times / twice** | tuu teims / tweiß | zwei Mal |

## Brüche (Teile vom Ganzen)

| | | |
|---|---|---|
| 1/2 | **(a / one) half** | (ej / wan) häf |
| 1/3 | **a / one third** | ej / wan thöörd |
| 1/4 | **a / one quarter** | ej / wan kwoorder |
| 3/4 | **three quarters** | thrii kwoorderß |

**forty-nine** foordiinein **49**

# Zahlen & Zeit

## Punkt, Komma oder Doppelpunkt?

Geht es um Dezimalzahlen, benutzt man ein Komma statt eines Punkts. 1,5 % wird also zu 1.5% (one point five percent wan pojnt feiv p<sup>e</sup>rßent). Den Punkt, den wir bei 1.000-er Schritten verwenden, ist dagegen bei den Amerikanern ein Komma: 1,000. Beim Datum verwendet man statt Punkt einen slash, und die Reihenfolge „Monat/Tag/Jahr" ist anders: month/day/year. Bei der Uhrzeit gibt es statt Doppelpunkt einen Punkt: 15.43.

## Datum

months mantths Die Monate heißen: January dshänj<sup>e</sup>weri, February febj<sup>e</sup>weri, March maartsch, April ejpril, May mej, June dshuun, July dshulei, August aag<sup>e</sup>ßt, September ßeptemb<sup>e</sup>r, October aaktowb<sup>e</sup>r, November nowvemb<sup>e</sup>r und December dißemb<sup>e</sup>r. Sie werden groß geschrieben, genauso wie die Wochentage: Monday mandej, Tuesday tuusdej, Wednesday wensdej, Thursday thöörsdej, Friday freidej, Saturday ßäderdej, Sunday ßandej.

days of the week
dejs<sup>e</sup>v dh<sup>e</sup> wiik

**What's the date?**  **What date is it?**
watß dh<sup>e</sup> dejt  wat dejtisit
*was'ist das Datum*  *was Datum ist es*
Welches Datum haben wir?

**Today's the 1st of August / August 1st.**
t<sup>e</sup>dejs dh<sup>e</sup> föörßt<sup>e</sup>v aag<sup>e</sup>ßt / aag<sup>e</sup>ßt föörßt
*heute'ist der 1. von August / August 1.*
Heute ist der 1. August.

# Zahlen & Zeit

## What's your birthdate?
watß j<sup>e</sup>r böör~~th~~dejt

*was'ist dein Geburtsdatum*

Wann ist dein Geburtsdatum?

Das Jahr (year jir) gibt man fast wie im Deutschen an: nineteen ninety-nine für 1999, d. h. vierstellige Jahreszahlen trennt man einfach in zwei: „19 – 99“. Das Jahr 2000 hatte den besonderen Spitznamen Y2K, sprich: weituukej. Y = year
Von diesem Jahr an heißen sie einfach wie die K = kilo = *1000*
entsprechenden Zahlen beim Zählen: 2013 =
two thousand thirteen tuu~~th~~aus<sup>e</sup>nd thöörtiin.

  Viele Traditionen sind an bestimmte Feiertage geknüpft. Offizielle nationale Feiertage – legal holidays liig<sup>e</sup>l haal<sup>e</sup>dejs – sind hier mit einem * gekennzeichnet. Hier sind Daten (dates dejtß), die man sich merken sollte:

**New Year's Day\***  nuujirs dej
  1. Januar: Neujahr. Auf dem Times Square
  in New York wird der Beginn des
  neuen Jahres für alle amerikanischen
  Zeitzonen gefeiert.
**Martin Luther King Day\*** maart<sup>e</sup>n luu~~th~~<sup>e</sup>r king dej
  3. Montag im Januar: Gedenktag für die
  Bürgerrechtsbewegung und die
  Gleichheit aller Rassen.
**Valentine's Day\***  väl<sup>e</sup>nteins dej
  14. Februar: Valentinstag. Wird unter
  Liebenden und guten Freunden gefeiert.

*Die USA sind in mehrere Zeitzonen* time zones teim sowns *unterteilt. Von West nach Ost sind dies:* Hawaii-Aleutian Standard Time, Alaska Standard Time, Pacific Standard Time, Mountain Standard Time, Central Standard Time, Eastern Standard Time.

**fifty-one** fiftiiwan **51**

# Zahlen & Zeit

**St. Patrick's Day** ßenpätrikß dej
17. März: St.-Patricks-Tag. Der irische Nationalfeiertag, der auch von Nicht-Iren gefeiert wird. Man trägt grüne Kleidung und trinkt grün gefärbtes Bier.

**Easter Sunday** iißter ßandej
März / April: Ostersonntag. Ostermontag und Karfreitag sind keine Feiertage.

*wörtl.: April Blödmann Tag* **April Fool's Day** ejpril fuuls dej
1. April. Wie bei uns: April, April!

*wörtl.: Tageslicht Ersparnis* **Daylight Savings** dejleit ßejvings
1. Sonntag im April. Die Uhr springt vor (springs forward) auf Sommerzeit, und zwar von 1 auf 2 Uhr morgens (nicht überall!). Zurückgeschaltet wird am letzten Sonntag im Oktober.

**Mother's Day** madhers dej
2. Sonntag im Mai: Muttertag.

*wörtl.: Gedenktag* **Memorial Day*** memmooriel dej
Letzter Montag im Mai: Gedenktag für die Kriegstoten.

**Father's Day** faadhers dej
3. Sonntag im Juni: Vatertag.

**Independence Day*** independentß dej
4. Juli: Nationalfeiertag; gefeiert wird die Unabhängigkeitserklärung von 1776.

**Labor Day*** lejber dej
1. Montag im September: Tag der Arbeit

**Native American Day** nejdivemeriken dej
4. Freitag im September: Tag der Indianer.

**Columbus Day*** kelambeß dej
2. Montag im Oktober: Entdeckung Amerikas durch Columbus am 12.10.1492.

**52** | fifty-two fiftiituu

## Zahlen & Zeit

**Halloween**  hälewiin

31. Oktober: Gruselig verkleidete Kinder mit Kürbis-Laternen (jack-o'-lanterns dshäkeländerns) ziehen von Haus zu Haus mit dem Spruch: trick or treat trik oor triit „Süßes oder Saures!".

*von:* all hallow's eve *„Allerheiligen-Vorabend"*

*wörtl.: „Streich spielen oder Leckerei"*

**Veterans Day\***  vederens dej

11. November: Tag der Kriegsveteranen.

**Thanksgiving\***  thänkßgiving

4. Donnerstag im November: Familienfest zur Danksagung an Gott. Wichtiger als Weihnachten. Festspeise ist ein Truthahnbraten.

**Christmas Day\***  krißmes dej

25. Dezember: Weihnachten.

---

### Uhrzeit

**What time is it?**
wat teim isit
*was Zeit ist es*
Wie spät ist es?

**It's ...**
itß
*es-ist*
Es ist ...

*Man gibt die Uhrzeit in zwei Mal zwölf Stunden an, nicht in 24. Wer nach der Uhrzeit fragt, weiß, ob es Vor- oder Nachmittag ist. Beim Schreiben ist man genauer:*

**five a.m. / p.m.**
feiv ej | em / pii | em
*fünf Uhr Vor- / Nachmittag*
5 Uhr / 17 Uhr

**ten past five**
ten päßt feiv
*zehn nach fünf*
zehn nach fünf

a.m. = ante meridiem *(latein.: vor Mittag) bzw.*

**quarter past five**
kwoorder päßt feiv
*Viertel nach fünf*
Viertel nach fünf

**five fifteen**
feiv fiftiin
*fünf fünfzehn*
fünf Uhr fünfzehn

p.m. = post meridiem *(latein.: nach Mittag)*

**fifty-tree** fifti·thrii  **53**

## Zahlen & Zeit

| | | |
|---|---|---|
| *Das deutsche „fünf nach halb" kann man im Amerikanischen nicht sagen.* | **half past five**<br>häfpäßt feiv<br>*halb nach fünf*<br>halb sechs | **five thirty**<br>feiv thöördii<br>*fünf dreißig*<br>fünf Uhr dreißig |

**quarter to six**  **fifteen to six**
kwoord<sup>e</sup>rt<sup>e</sup> ßikß  fiftiint<sup>e</sup> ßikß
*Viertel zu sechs*  *fünfzehn zu sechs*
Viertel vor sechs  fünfzehn vor sechs

Die Stunde heißt auf Amerikanisch hour au<sup>e</sup>r, und sie teilt sich in Minuten minutes min<sup>e</sup>tß und Sekunden seconds ßek<sup>e</sup>nds. Die Armbanduhr heißt dagegen watch waatsch und die Wanduhr clock klaak. Damit Sie bei der Verabredung nicht zu spät kommen (be late bii läjt), sondern pünktlich sind (be on time bii | <sup>e</sup>nteim, erkundigen Sie sich besser nach der Uhrzeit (time teim).

**At what time?**  **At (about) ... o'clock.**
ät wat teim  ät (<sup>e</sup>baut) ... <sup>e</sup>klaak
*bei was Zeit*  *bei (etwa) ... Uhr*
Um welche Uhrzeit?  Etwa um ...

| | | |
|---|---|---|
| now nau *jetzt*<br>soon ßuun *bald* | **In ... hour(s).**<br>in ... au<sup>e</sup>rs<br>*in ... Stunde(n)*<br>In ... Stunde(n). | **In half an hour.**<br>in häf<sup>e</sup>nau<sup>e</sup>r<br>*in halb einer Stunde*<br>In einer halben Stunde. |

**next week / Monday / month / time**
nekßt wiik / mandej / mantth / teim
nächste Woche / nächsten Montag /
nächsten Monat / nächstes Mal

**54** fifty-four fiftiifoor

# Zahlen & Zeit

**in two days / weeks / months / years**
in tuu dejs / wiikß / mantthß / jirs
in zwei Tagen / Wochen / Monaten / Jahren

**last fall / night**
läßt fool / neit
letzten Herbst / Abend

**this evening / year**
dhiß iivning / jir
diesen (-s) Abend / Jahr

*weitere Tageszeiten:*

noon nuun
*Mittag*

**in the morning**
indhe moornin(g)
am Morgen

**on Friday night**
aan freidej neit
Freitag Abend

lunchtime lantschteim
*Mittagszeit*

**a little later**
elidl lejder
ein wenig später

**maybe earlier**
mejbi öörliier
vielleicht früher

afternoon äfternuun
*Nachmittag*

evening iivning
*Abend*

**before tomorrow**
bifoor temaarow
vor morgen

**after tonight**
äfter teneit
nach heute Abend

midnight midneit
*Mitternacht*

**until yesterday**
antil jeßterdej
bis gestern

**since today**
ßintß tedej
seit heute

**from ten o'clock on**
fraam teneklaak aan
*ab von zehn von-der'Uhr*
ab zehn Uhr

**two days ago**
tuu dejs egow
*zwei Tage vergangen*
vor zwei Tagen

the day after tomorrow
dhe dej äfter temaarow
*der Tag nach morgen*
*übermorgen*

**from 8 a.m. to 8 p.m.**
fraam ejd ej | em tuu ejt pii | em
*von 8 vormittag zu 8 nachmittag*
von 8:00 bis 20:00 Uhr

the day before yesterday
dhe dej bifoor jeßterdej
*der Tag vor gestern*
*vorgestern*

**fifty-five** fiftiifeiv | **55**

# Mengen & Maße

**between 5 p.m. and 6 p.m.**
bitwiin feiv pii | em än ßikß pii | em
zwischen 5 und 6 Uhr nachmittags

**by next week**  **around September**
bei nekßt wiik  ᵉraund ßeptembᵉr
bis nächste Woche um September herum

**on the weekend**  **at the moment**
aandhᵉ wiikend  ät dhᵉ mowmᵉnt
*an das Wochenende*  *bei der Moment*
am Wochenende  im Moment

## Mengen & Maße

**O**b Sie einkaufen gehen, sich nach Sehenswürdigkeiten erkundigen oder im Restaurant etwas zur Menge sagen möchten, diese Ausdrücke brauchen Sie immer:

| all | ool | alle, ganz |
| --- | --- | --- |
| each | iitsch | jede |
| several | ßevᵉrᵉl | verschiedene |
| few | fjuu | wenig |
| a few | ᵉfjuu | einige, ein paar |
| little | lidl | wenig, kaum |
| much | matsch | viel |
| many | menii | viele |
| some | ßam | einige |
| any | enii | irgendwelche |

# Mengen & Maße

| | | |
|---|---|---|
| **anything** | eniithing | irgendetwas |
| **something** | ßamthing | etwas |
| **a thing** | ething | etwas |

**I'm just looking for some sneakers.**
eim dshaßt lukin fer ßam ßniikers
*ich'bin nur schauend für einige Turnschuhe*
Ich suche ein paar Turnschuhe.

**Have you found anything yet?**
hävje faund eniithing jet
*hast du gefunden irgendetwas schon*
Haben Sie schon etwas gefunden?

In Amerika verwendet man keine metrischen Maße. Prägen Sie sich die amerikanischen Einheiten daher gut ein:

| | | |
|---|---|---|
| **pint (pt)** | peint | 0,47 Liter |
| **quart (qt)** | kwoort | 0,94 Liter |
| **gallon (gal)** | gälen | 3,79 Liter |
| **ounce (oz)** | auntß | 25,35 Gramm |
| **pound (lb)** | paund | 453,59 Gramm |
| **inch (in)** | intsch | 2,54 Zentimeter |
| **foot (ft)** | fut | 30,48 Zentimeter |
| **yard (yd)** | jaard | 0,91 Meter |
| **mile (m)** | meil | 1,609 Kilometer |

Die Temperatur misst man auch anders, nämlich in Fahrenheit (F) färenheit: 0°F = –18°C und 32°F = 0°C. Aber dazu mehr im Kapitel „Smalltalk".

**fifty-seven** fiftiißeven **57**

# Mini-Knigge

## Mini-Knigge

**E**s gibt in den USA viele, viele Benimmregeln zu beachten. Regel Nummer Eins ist, dass Sie sich um viel mehr Höflichkeit im Umgang mit Amerikanern bemühen sollten. Sagen Sie bei jeder Gelegenheit „Entschuldigung" und „Bitte", wie es die Amis auch tun.

Achten Sie auf Ihre Ausdrucksweise, denn für alles gibt es PC terms piißii töörms – politisch korrekte Bezeichnungen: African American äfrik<sup>e</sup>n <sup>e</sup>merik<sup>e</sup>n für „Schwarze", Native American nejdiv <sup>e</sup>merik<sup>e</sup>n für „Indianer" und Hispanic American hißpänik <sup>e</sup>merik<sup>e</sup>n für „Latinos" (von denen nennen sich dann aber doch viele selbst Latinos, weil sie nicht mit Spaniern verwechselt werden möchten!). Trotz der sprachlichen Kosmetik spiegelt die Realität Amerikas immer noch die gewachsene Rassentrennung wider. Sie werden kaum Weiße kennenlernen, die viele afro-amerikanische Freunde haben und umgekehrt. Auch bei der greencard lottery griinkaard laad<sup>e</sup>ri, die die amerikanische Einwanderungsbehörde jedes Jahr zur Verlosung von Arbeitsgenehmigungen veranstaltet, sind die Kontingente für europäische Kandidaten deutlich überrepräsentiert. Politische Korrektheit ist eben kein gewachsenes Gefühl der Gleichheit.

Darüber hinaus sind die Amerikaner meist tief religiös und aus diesem Grund häufig unglaublich prüde. Die liebste Sonn-

**fifty-nine** fiftiinein | **59**

# Mini-Knigge

tagsbeschäftigung ist oft der Kirchgang. Es gibt unzählige Varianten des Protestantismus (Protestants praadᵉßtᵉntß), aber Katholiken (Catholics käthᵉlikß), die sich alle deutlich von den Kirchen Europas unterscheiden. Am bekanntesten sind sicher die gospel churches gaaßpᵉl tschöortschᵉs – Kirchen afroamerikanischer Gemeinden mit Gospelgesang. Ebenfalls interessant ist es, den Spuren der Religionsgemeinschaft der Mormonen (Mormons moormᵉns zu folgen, die 1846 mit 70.000 Menschen über einen Zeitraum von 20 Jahren aus religiösen Gründen von New York auf dem so genannten Mormon trail moormᵉn trejl in den mittleren Westen flüchteten. Ihr Zentrum ist heute Salt Lake City in Utah. Eine weitere große religiöse Gruppe sind die Quakers kwejkᵉrs in Pennsylvania.

Die Prüderie ist in den USA überall spürbar: topless sunbathing taaplᵉß ßanbejdhing – ein Sonnenbad oben ohne – gibt es nur an bestimmten Stränden in Florida und Kalifornien, sonst ist es verpönt. Nudist camps nuudißt kämß (FKK-Campingplätze) sind nur etwas für Hippies. Wer ein nacktes Körperteil in der Öffentlichkeit zur Schau stellt oder gar in der freien Natur beim Geschlechtsverkehr erwischt wird, muss mit einem unfreiwilligen Besuch der Polizeiwache rechnen, u. U. sogar der vergitterten Räume von innen. Sex vor der Ehe wird in den USA noch immer nicht gern gesehen, daher die Mauerblümchen-Art, sich erst zigmal zu einem date dejt zu verabreden, bevor man zu ihr / ihm nach Hause geht.

*Wenn Amerikaner verärgert sind, beauftragen sie oft sogleich einen Anwalt (attorney ᵉtöörnii), und das kann Sie teuer zu stehen kommen! Fotografieren Sie niemanden, der nicht offensichtlich damit einverstanden ist.*

# Anrede, Begrüßen & Verabschieden

**L**assen Sie sich in die Unkompliziertheit der Amerikaner fallen. Vergessen Sie einfach das „Sie" und die damit verbundene Distanz in Ihrem Verhalten. Ein Amerikaner stellt sich immer mit seinem Vornamen vor, außer er macht Geschäfte auf höchster Ebene oder hat von Amts wegen mit jemandem zu tun. Sonst redet man sich mit dem Vornamen an. Sprechen Sie Ihre Bekannten, Freunde oder Kollegen immer mit ihren Namen an, wenn Sie ihnen etwas erzählen wollen.

Den Händedruck können Sie auch getrost vergessen. Den brauchen Sie nur bei wichtigen Geschäften oder anderen förmlichen Situationen, gegebenenfalls noch beim ersten Kennenlernen. Unter Freunden, Kollegen oder Nachbarn ist das unüblich.

*Da es im Amerikanischen sowieso kein „Sie" gibt, ist die Anrede mit dem Vornamen gewissermaßen das Äquivalent zu unserem Duzen.*

**Hi!** hei Hi!

Die Begrüßung schlechthin zu jeder Tageszeit, zu Personen, die sie schon kennen oder gerade kennen lernen. Sagen Sie, wenn möglich, dazu den Namen des Angesprochenen und beginnen Sie so ein kurzes Gespräch.

*Vergessen Sie es, jemanden nach dem Familiennamen zu fragen, aber merken Sie sich unbedingt den Vornamen!*

🔊 **Hi John, how are you?**
hei dshaan hau | aarj$^e$
*hallo John wie bist du*
Hi John, wie geht's? *(man kennt sich schon)*

*Das kann man auch in einem Wort sagen:*
Howdy!
haudii

**sixty-one** ßikßtiiwan **61**

# Anrede, Begrüßen & Verabschieden

*Man kennt sich noch nicht (bzw. noch nicht gut):*

🎵 **Fine / Great, thanks.**
fein / grejt ~~thänkß~~
*fein / großartig danke*
Gut / super, danke.

🎵 **And you?**
än juu
*und du*
Und dir?

🎵 **Hi! How are you doing?**
hei hau | aarjᵉ duu | in
*hi wie bist du tuend*
Hi, wie geht's?

**I'm Karin.**
eim kärin
*ich'bin Karin*
Ich heiße Karin.

Wenn man sich im engen Freudeskreis trifft oder auf eine Party geht, und eher umgangssprachlich redet, hören Sie bestimmt:

🎵 **Hi! What's up?**
hei watßap
*hi was'ist auf*
Hi, wie geht's?

**Hi! How's it going?**
hei hausit gowin
*hi wie'ist es gehend*
Hi, wie geht's?

*Good morning sagt man, wenn man morgens den Nachbarn auf der Straße trifft oder ins Büro kommt;*

🎵 **Good morning (everybody)!**
gᵉdmoornin (evribaadii)
*guten Morgen (jeder)*
Guten Morgen (allerseits)!

*good evening abends auf der Straße oder bei einer Rede.*

🎵 **Good evening (everybody)!**
gᵉdiivnin evribaadii
*guten Abend (jeder)*
Guten Abend (allerseits)!

Wenn man „Auf Wiedersehen" sagen möchte, nachdem man z. B. seine Einkäufe getätigt hat oder bei der Post war, sagt man immer einfach nur (Good)Bye! (gᵉd)bei.

**62** | sixty-two ßikßtiituu

# Anrede, Begrüßen & Verabschieden

Der amerikanische Verkäufer oder die Kellnerin erwidert dann vermutlich:

🗨 **Bye! Have a nice day!**
bei häv<sup>e</sup> neiß dej
*tschüss habe einen schönen Tag*
Einen schönen Tag noch. Auf Wiedersehen.

Verabschiedet man sich von Freunden oder Kollegen, die man bald wiedersehen wird:

🗨 **I gotta go! See you!**       🗨 **Take care!**
eigaad<sup>e</sup> gow ßiij<sup>e</sup>          tejk ker
*ich muss-zu gehen sehe dich*  *nimm Acht*
Ich muss los! Bis dann!      Pass auf dich auf!

Wenn man der Person viel Spaß wünschen möchte, eine gute Fahrt oder eine gute Nacht:

🗨 **Have fun!**            🗨 **Have a good trip!**
häv fan                 häv<sup>e</sup> gud trip
*habe Spass*             *habe eine gute Reise*
Viel Spass!             Gute Reise!

🗨 **Drive carefully!**       🗨 **I'll be in touch**
dreiv kerf<sup>e</sup>lii         eilbii in tatsch
*fahre vorsichtig*         *ich'werde sein in Kontakt*
Fahr vorsichtig!          Ich melde mich.

🗨 **Good night!**           🗨 **Sleep well!**
gudneit                 ßliip wel
*gute Nacht*             *schlafe gut*
Gute Nacht!             Schlaf schön!

*Man kann auch sagen:*

see you later
ßiij<sup>e</sup> lejd<sup>e</sup>r
*sehe dich später*
Bis später!

see you tomorrow
ßiij<sup>e</sup> t<sup>e</sup>maarow
*sehe dich morgen*
Bis morgen!

see you tonight
siij<sup>e</sup> t<sup>e</sup>neit
*sehe dich heute-Abend*
Bis heute Abend!

**sixty-three** ßikßtiithrii **63**

# Smalltalk

## Smalltalk

**S**malltalk ßmooltook, so nennt man die wenig tiefgehenden Gespräche, die Sie vor allem dann führen sollten, wenn Sie jemanden gerade erst kennenlernen:

### 🎵 What's your name?   🎵 My name's Ann.
watß j<sup>e</sup>r nejm   mei nejms än
*was'ist dein Name*   *mein Name'ist Ann*
Wie heißt du?   Mein Name ist Ann.

Sollten Sie sich doch auf einer eher formellen Party befinden, will Ihr host howßt (Gastgeber) Sie bestimmt den anderen Gästen vorstellen:

### 🎵 Let me introduce you to some people.
let mii intr<sup>e</sup>duusj<sup>e</sup> t<sup>e</sup>ßam piipl
*lass mich vorstellen dich zu einige Leute*
Ich würde Sie gerne einigen Leuten vorstellen.

### 🎵 This is my wife / husband.
~~dh~~ißis mei weif / hasb<sup>e</sup>nd
*dies ist mein(e) Ehefrau / Ehemann*
Das ist meine Frau / mein Mann.

| | | |
|---:|:---|:---|
| *Mama / Papa* | **mom / dad** | maam / däd |
| *Mutter / Vater* | **mother / father** | mad<sup>h</sup>er / faad<sup>h</sup>er |
| *Sohn / Tochter* | **son / daughter** | ßan / daad<sup>e</sup>r |
| *Bruder / Schwester* | **brother / sister** | brad<sup>h</sup>er / ßißt<sup>e</sup>r |
| *Verlobte / Verlobter* | **fiancée / fiancé** | fii \| aanßej |
| *Kollege (-in) / Freund(in)* | **colleague / friend** | kaaliig / frend |

**64** | sixty-four ßikßtiifoor

# Smalltalk

| | | |
|---|---|---|
| **folks / family** | fowkß / fäm<sup>e</sup>lii | *Familie* |
| **aunt / uncle** | änt / ankl | *Tante / Onkel* |
| **cousin / buddy** | kas<sup>e</sup>n / badii | *Cousin(e) / Kumpel* |
| **grandma / grandpa** | gränmaa / gränpaa | *Oma / Opa* |
| **brother-in-law /** | brad<s>h</s><sup>e</sup>rinloo / | *Schwager / Schwägerin* |
| **sister-in-law** | ßißt<sup>e</sup>rinloo | |
| **child / baby** | tscheild / bejbii | *Kind / Baby* |
| **boyfriend / girlfriend** | bojfrend / göörlfrend | *feste(r) Freund (-in)* |

🗨 **This is Mr. Klein, an artist from Berlin.**
<s>dh</s>ißis mißt<sup>e</sup>r klein <sup>e</sup>naardißt fraam böörlin
*dies ist Herr Klein ein Künstler von Berlin*
Das ist Herr Klein, ein Künstler aus Berlin.

Aber wie gesagt, man wird Sie mit Ihrem Vornamen vorstellen, außer es geht sehr förmlich zu. Die Antwort lautet immer:

🗨 **Pleased to meet you.**
pliist<sup>e</sup> miitj<sup>e</sup>
*erfreut zu treffen dich*
Freut mich.

Miss miß
*Fräulein (Jugendliche)*

Ms. mis
*Frau (neutral)*

Mrs. miß<sup>e</sup>s
*Frau (verheiratet)*

Mr. mißt<sup>e</sup>r
*Herr*

**sixty-five** ßikßtiifeiv | **65**

# Smalltalk

Dann lassen es sich die Amerikaner aber wirklich nicht nehmen, doch noch zu erfahren, wo Sie denn herkommen:

| | | |
|---|---|---|
| Switzerland | **How about you?** 🎵 **I'm from Germany.** | |
| ßwitßerlend | hau ebaut juu | eim fraam dshöörmenii |
| *Schweiz* | *wie über dich* | *ich'bin von Deutschland* |
| | Und du? | Ich komme aus Deutschland. |
| Austria | | |
| aaßtrie | 🎵 **How long are you staying for?** 🎵 **Three weeks.** | |
| *Österreich* | hau long aarje ßtejin foor | t̶h̶rii wiikß |
| | *wie lang bist du bleibend für* | *drei Wochen* |
| *Einige unserer Städte werden auf Englisch anders geschrieben und gesprochen:* | Wie lange bleibst du? | drei Wochen |
| | 🎵 **Is this your first time here?** | |
| | is d̶h̶iß jerfööörßt teim hir | |
| | *ist dies deine erste Zeit hier* | |
| Cologne | | |
| kelown | Bist du zum ersten Mal hier? | |
| *Köln* | | |
| | 🎵 **Well, it's my first time in Chicago, but ...** | |
| | wel itß mei fööörßt teim in schikaagow bat | |
| Munich | *nun es'ist mein erstes Mal in Chicago aber* | |
| mjunik | Ich bin zum ersten Mal in Chicago, aber ... | |
| *München* | | |
| | 🎵 **I've been to other places in the US before.** | |
| Geneva | eiv binte adher plejßes ind̶h̶e juu \| eß bifoor | |
| dsheniive | *ich'habe gewesen zu andere Orte in den US vorher* | |
| *Genf* | Ich war schon in anderen Orten in den USA. | |
| Vienna | 🎵 **So, where have you been so far?** | |
| vii \| ene | ßow wer hävje bin ßow faar | |
| *Wien* | *also wo hast du gewesen so weit* | |
| | Wo warst du denn schon bisher? | |

**66** | sixty-six  ßikßtiißikß

# Smalltalk

### 🔊 I once made a trip to the West Coast for a couple of weeks ...
ei wanß mejd<sup>e</sup> trip tuu~~dh~~<sup>e</sup> weßtkowßt f<sup>e</sup>r<sup>e</sup> kapl<sup>e</sup>f wiikß
*ich einmal machte eine Reise zu der West Küste für ein paar von Wochen*
Ich war mal ein paar Wochen an der Westküste ...

### 🔊 and I've also been to New England some years ago.
ändeiv oolsow bint<sup>e</sup> nuu inggl<sup>e</sup>nd ßam jirs <sup>e</sup>gow
*und ich'habe auch gewesen zu Neu England einige Jahre vergangen*
und vor einigen Jahren war ich auch mal in Neu-England.

### 🔊 Have you ever been to Germany?
hävj<sup>e</sup> ev<sup>e</sup>r bint<sup>e</sup> dshöörm<sup>e</sup>nii
*hast du jemals gewesen zu Deutschland*
Warst du schon mal in Deutschland?

Amerikaner sind sehr stolz auf ihr Land, daher werden Sie bestimmt gefragt:

### 🔊 How do you like it here?
hau dj<sup>e</sup> leikit hir
*wie tust du mögen es hier*
Wie gefällt's dir hier?

### 🔊 I (just) love it!
ei (dshaßt) lavit
*ich (genau) liebe es*
Ich finde es toll!

### 🔊 It's great / wonderful!
itß grejt / wand<sup>e</sup>rf<sup>e</sup>l
*es'ist großartig / wunderbar*
Es ist super!

### 🔊 I'm having a great time!
eim hävin<sup>e</sup> grejt teim
*ich'bin habend eine großartige Zeit*
Ich finde es super!

*Ihnen mag es vielleicht übertrieben vorkommen, so überschwänglich zu sagen, dass Sie etwas lieben, aber so drücken Sie sich perfekt Amerikanisch aus!*

sixty-seven ßikßtiißev<sup>e</sup>n | **67**

## Smalltalk

Aber Sie können auch die Fragen stellen:

*Der gefragte Amerikaner antwortet auch gerne mit der ethnischen Herkunft seiner Familie:*

🎵 **Where are you from?** 🎵 **I'm from St. Paul.**
werʲe fraam — eim fraam ßentpool
*wo bist du her* — *ich'bin von St. Paul*
Woher kommst du? — Ich komme aus St. Paul.

🎵 **Where's that?** 🎵 **It's in Minnesota.**
wers ~~dh~~ät — itßin mineßowde
*wo'ist jenes* — *es'ist in Minnesota*
Wo ist das? — Das ist in Minnesota.

Chinese tscheiniis
*Chinese*
Cuban kjuuben
*Cubaner*
Greek griik
*Grieche*
Italian itäljen
*Italiener*
Irish eirisch
*Ire*
Japanese dshäpeniis
*Japaner*
Jewish dshuu|isch
*Jude*
Mexican mekßiken
*Mexikaner*
Polish powlisch
*Pole*
Puertorican pwerderiiken
*Puertoricaner*

### The 50 States (+ DC)

| | |
|---|---|
| **Alabama (AL)** | älebäme |
| **Alaska (AK)** | eläßke |
| **Arizona (AZ)** | äresowne |
| **Arkansas (AR)** | aarkenßoo |
| **California (CA)** | kälefoornje |
| **Colorado (CO)** | kaalerädow |
| **Connecticut (CT)** | kenedikt |
| **Delaware (DE)** | delewer |
| **District of Columbia (DC)** | dißtriktef kelambie |
| **Florida (FL)** | flaarede |
| **Georgia (GA)** | dshoordshe |
| **Hawaii (HI)** | hewaajii |
| **Idaho (ID)** | eidehow |
| **Illinois (IL)** | ilenoi |
| **Indiana (IN)** | indii|äne |
| **Iowa (IA)** | ei|ewe |
| **Kansas (KS)** | känseß |
| **Kentucky (KY)** | kentakii |

**68** | sixty-eight ßikßtii|ejt

# Smalltalk

| | |
|---|---|
| **Louisiana (LA)** | luu \| iisii \| än^e |
| **Maine (ME)** | mejn |
| **Maryland (MD)** | mer^el^end |
| **Massachusetts (MA)** | mäß^etschuuß^etß |
| **Michigan (MI)** | mischig^en |
| **Minnesota (MN)** | min^eßowd^e |
| **Mississippi (MS)** | miß^eßipii |
| **Missouri (MO)** | m^esurii |
| **Montana (MT)** | maantän^e |
| **Nebraska (NE)** | n^ebräßk^e |
| **Nevada (NV)** | n^eväd^e |
| **New Hampshire (NH)** | nuuhämpsch^er |
| **New Jersey (NJ)** | nuudschöörsii |
| **New Mexico (NM)** | nuumekßikow |
| **New York (NY)** | nuujoork |
| **North Carolina (NC)** | noorth kär^elein^e |
| **North Dakota (ND)** | noorth d^ekowd^e |
| **Ohio (OH)** | owhei \| ow |
| **Oklahoma (OK)** | owkl^ehowm^e |
| **Oregon (OR)** | oor^eg^en |
| **Pennsylvania (PA)** | pentß^elvejnj^e |
| **Rhode Island (RI)** | rowdeil^end |
| **South Carolina (SC)** | ßauth kär^elein^e |
| **South Dakota (SD)** | ßauth d^ekowd^e |
| **Tennessee (TN)** | ten^eßii |
| **Texas (TX)** | tekß^eß |
| **Utah (UT)** | juutaa |
| **Vermont (VT)** | v^ermaant |
| **Virginia (VA)** | v^erdshinj^e |
| **Washington (WA)** | waaschingt^en |
| **West Virginia (WV)** | weß v^erdshinj^e |
| **Wisconsin (WI)** | wißkaantß^en |
| **Wyoming (WY)** | wei \| owming |

*Weitere hilfreiche Abkürzungen:*

NYC = New York City,
*(um die Stadt vom Bundesstaat NY zu unterscheiden)*

LA = Los Angeles
Philly = Philadelphia
Frisco = San Francisco
*(letzteres ist allerdings bei Auswärtigen weit gängiger als bei den Einheimischen!)*

*...und Spitznamen:*

The Big Easy
= New Orleans

The Big Apple
= New York City

The Big Tomato
= Sacramento

The Windy City
= Chicago

Dixie
= the Southern States

**sixty-nine** ßikßtiinein | **69**

# Smalltalk

## Wetter

Ob einem der Urlaub gefällt oder nicht, hat für viele etwas mit dem Wetter zu tun:

| | | | |
|---|---|---|---|
| hot haat *heiß* | **The weather is great!** | | **It's too hot / humid!** |
| warm woorm *warm* | ~~dh~~e wedhers grejt | | itß tuu haat / chjuumid |
| cool kuul *kühl* | *das Wetter is großartig* | | *es'ist zu heiß / feucht* |
| cold kowld *kalt* | Das Wetter ist toll! | | Es ist zu heiß / schwül! |
| freezing friising *frostig* | | | |
| windy windii *windig* | **What'll the weather be like in the West?** | | |
| cloudy klaudii *wolkig* | wadl ~~dh~~e wedher bii leik in~~dh~~e weßt | | |
| clear klir *klar* | *was'wird das Wetter sein wie in der Westen* | | |
| sunny ßanii *sonnig* | Wie wird das Wetter im Westen sein? | | |
| foggy faagii *neblig* | | | |

**It's supposed to rain / snow / hail.**
itß ßpowßte räjn / ßnow / hejl
*es'ist vermutet zu regnen / schneien / hageln*
Es soll Regen / Schnee / Hagel geben.

**70** seventy ßevendii

# Smalltalk

In den USA verwendet man ein anderes Mess-
system für Temperaturen als bei uns: Fahren-
heit färenheit statt Centigrade ßendigrejd (Celsius).
Lassen Sie sich also nicht von den extrem ho-
hen Temperaturen erschrecken, wenn Sie ein
amerikanisches Thermometer benutzen!
„Grad" heißt einfach degree digrii. Wird es rich-
tig kalt im Winter, geht die Temperatur auch
unter Null, und das heißt dann z. B. -5°F feiv di-
griis bilow sirow = –21°C. In der Wettervorhersa-
ge werden Sie aber hoffentlich hören:

| | |
|---|---|
| 100°F | = 38°C |
| 90°F | = 32°C |
| 80°F | = 27°C |
| 70°F | = 21°C |
| 60°F | = 16°C |
| 50°F | = 10°C |
| 40°F | = 4°C |
| 32°F | = 0°C |
| 0°F | = –18°C |

**Tomorrow temperatures will reach the high 80's / low 100's.**
temaarow tempretschers wil riitsch dhe hei ejdiis / low handreds
*morgen Temperaturen werden erreichen die hohe 80'er /niedrige 100'er*
Morgen werden wir Temperaturen um die 30°C / 40°C haben.

Eine Besonderheit in den USA ist die „Fünfte
Jahreszeit" im Herbst, der Indian summer indjen
ßamer. Nach einer kalten Periode ist es Ende
Oktober oder Anfang November plötzlich
wieder so richtig warm, und die herbstlich
rot-gelben Blätter strahlen im Sonnenschein,
besonders in Neu-England, an den Großen
Seen und in Nord-Kalifornien. Unangenehm
sind dagegen die verschiedenen Wirbelstür-
me, die jedes Jahr mit ungeheurer Zer-
störungswut zuschlagen. Im Herbst fegen hur-
ricanes hööřekejns mit über 118 km/h durch den
Osten, tauchen zunächst die Südküste in
Sturmfluten, bevor sie landeinwärts wüten.
Im Mittleren Westen sind es blizzards bliserds
(Schneestürme) im Winter und im Frühjahr

spring
ßpring
*Frühling*

summer
ßamer
*Sommer*

fall
fool
*Herbst*

winter
winder
*Winter*

**seventy-one** ßevendiiwan **71**

# Smalltalk

*Achtung bei* verwüsten tornados toornejdows mit bis zu 500
*Warnungen vor:* km/h alles, was ihnen in die Quere kommt. Der Südosten wird nach heftigen Regenfällen
avalanche äweläntsch von Fluten auf dem Mississippi und Missou-
*Lawine* ri heimgesucht, während Trockenheit für Wandbrände im bergigen Terrain der Rocky
earthquake öörthkwejk Mountains sorgt. Und nicht zuletzt hat Kali-
*Erdbeben* fornien ab und zu mit Erdbeben zu kämpfen.

flood flad
*Flut*

## Beruf & Bildung

Jetzt will man sicher wissen, was Sie beruflich
forest fire fooreßt feier machen, und wo Sie zur Schule gegangen sind:
*Waldbrand*

### 🗨 Are you traveling or here for business?
aarje trävlin oor hir fer bisneß
*bist du reisend oder hier für Geschäft*
Bist du im Urlaub oder geschäftlich hier?

### 🗨 I'm spending my summer vacation here.
eim ßpendin mei ßamer vejkejschen hir
*ich'bin verbringend meine Sommer Ferien hier*
Ich verbringe meinen Urlaub hier.

### 🗨 I'm here for business reasons.
eim hir fer bisneß riisens
*ich'bin hier für Geschäft Gründe*
Ich habe hier geschäftlich zu tun.

### 🗨 What do you do for a living?
wadje duu fere living
*was tust du tun für ein lebend*
Was machst du beruflich?

**72** | seventy-two  ßevendiituu

# Smalltalk

### 🔊 I work for a bank / an insurance / an attorney, ...
ei wöörk fere bänk / eninschurenß / enetöörnii
*ich arbeite für eine Bank / eine Versicherung / einen Anwalt*
Ich arbeite für eine Bank / eine Versicherung / einen Anwalt.

### 🔊 I'm working at a hospital / the city hall / the university ...
eim wöörkin äde haaßpidel / ~~dhe~~ ßidii hool / ~~dhe~~ juunevöörßedii
*ich'bin arbeitend bei ein Krankenhaus / das Stadt Haus / die Universität*
Ich arbeite in einem Krankenhaus / im Rathaus / an der Universität ...

### 🔊 I'm a teacher / hairdresser / consultant / social worker / secretary / housewife.
eime tiitscher / herdreßer / kenßaltent / ßowschel wöörker / ßekreterii / haußweif
*ich bin Lehrer / Frisör / Berater / Sozialarbeiter / Sekretärin / Hausfrau*
Ich bin Lehrer(in) / Frisör(in) / Berater(in) / Sozialarbeiter / Sekretärin / Hausfrau.

*Berufsbezeichnungen lauten im Amerikanischen meist für Männer und Frauen gleich.*

### 🔊 I'm still going to school / to college.
eim ßtil gowin teßkuul / tekaalidsh
*ich'bin noch gehend zu Schule / zu Universität*
Ich gehe noch zur Schule / zur Uni.

| 🔊 I study ... | medicine | medeßen | *Medizin* |
|---|---|---|---|
| ei ßtadii | law | loo | *Jura* |
| Ich studiere | economics | ikenaamikß | *Wirtschaft* |
| | languages | längwidshes | *Sprachen* |
| | IT | eitii | *Informatik* |
| 🔊 I studied ... | art | aart | *Kunst* |
| ei ßtadiid | engineering | endsheniirin(g) | *Maschinenbau* |
| Ich habe ... | chemistry | kemißtrii | *Chemie* |
| | journalism | dshöörnelisem | *Journalismus* |
| | music | mjuusik | *Musik* |

... studiert.

seventy-three ßevendii~~th~~rii | **73**

## Smalltalk

| | |
|---|---|
| high school | **I'm an exchange student at Windsor High.** |
| hei ßkuul | eim*en* ikßtschejndsh ßtuud*en*t ät wins*e*r hei |
| *weiterführende Schule* | *ich'bin ein Austausch Student bei Windsor Hoch* |
| | Ich bin Austauschschülerin an der Windsor High School. |

*Jährlich kehren die Ehemaligen zur Schule oder Universität zurück und besuchen das* homecoming game howmkamin gejm, *ein „Heimkehrspiel"* – *natürlich American Football. Abends feiert man den* homecoming dance howmkamin dänß, *auf dem die* homecoming queen howmkamin kwiin, *die Schönheitskönigin der Ehemaligen, gewählt wird und somit in das* year book jirbuk *(Jahrbuch) eingeht.*

Jetzt mögen Sie denken, was soll ich mit Schulvokabular? Aber in den USA spielt es auch im späteren Leben noch eine wichtige Rolle, wer oder was man in der Schul- und Unizeit war. Von der prom praam (dem Abschlussball) erzählen Amerikaner immer wieder, ebenso von ihrer Zeit als Schülersprecher oder Teamkapitän. Die jährliche reunion riijuunj*en* (Ehemaligentreffen) sorgt dafür, dass man seine Schul- und Unizeit nie vergisst.

| | |
|---|---|
| | 🔊 **When did you graduate?** |
| | wen didj*e* grädsh*e*w*e*t |
| | *wann tatest du Abschluss-machen* |
| | Wann hast du deinen Abschluss gemacht? |

| | |
|---|---|
| | 🔊 **I'm the class of '86.** |
| | eim ~~dh~~*e* kläß*e*v ejdiißikß |
| year book jirbuk *(Jahr-* | *ich'bin die Klasse von 86* |
| *buch) eingeht.* | Ich habe 1986 meinen Abschluss gemacht. |

| | |
|---|---|
| fraternity | **I was in a sorority since my freshman year.** |
| frätöörnidii | eiw*e*s in*e* ßeroor*e*dii ßinß mei freschm*en* jir |
| *Studentenvereinigung für Jungen* | *ich war in ein Mädchenvereinigung seit mein Frischmann Jahr* |
| | Ich war in einer Studentinnenvereinigung seit meinem ersten Jahr an der Uni. |

**74** seventy-four ßev*en*diifoor

# Smalltalk

|  | **senior high**<br>ßiinjer hei | **college**<br>kaaldsh |  |
|---|---|---|---|
| **freshman** | 9. Klasse | 1. Jahr | freschmen |
| **sophomore** | 10. Klasse | 2. Jahr | ßaafemoor |
| **junior** | 11. Klasse | 3. Jahr | dshuunjer |
| **senior** | 12. Klasse | 4. Jahr | ßiinjer |

## Familie & Alter

**Are you married?**
aarje meriid
*bist du verheiratet*
Sind Sie verheiratet?

**🎵 Do you have children?**
dje häv tschildren
*tust du haben Kinder*
Haben Sie Kinder?

**🎵 Yes, I have two kids.**
jeß eihäv tuu kids
*ja ich habe zwei Kinder*
Ja, ich habe zwei Kinder.

**🎵 How about you?**
hau ebaut juu
*wie über dich*
Und Sie / du?

**🎵 Do you have brothers and sisters?**
dje häv bradhersen ßißters
*tust du haben Brüder und Schwestern*
Hast du / Haben Sie Geschwister?

**🎵 I've got a younger / older brother.**
eiv gaade jangger / owlder bradher
*ich'habe bekommen ein jüngeren / älteren Bruder*
Ich habe einen jüngeren / älteren Bruder.

**🎵 How old are you?**
hau owld aarje
*wie alt bist du*
Wie alt bist du / sind Sie?

**🎵 Thirty one.**
~~th~~öördiiwan
*dreißig eins*
Einunddreißig.

seventy-five ßevendiifeiv | 75

# Einladung & zu Gast sein

## Einladung & zu Gast sein

**W**enn Sie von Amerikanern nach Hause eingeladen werden, kann sich das so anhören:

*Mit einem Smartphone können Sie sich die mit einem 🎵 gekennzeichneten Sätze dieses Kapitels anhören. Scannen Sie einfach den QR-Code mit Hilfe einer kostenlosen App (z. B. „Barcoo" oder „Scanlife").*

🎵 **Do you have any plans for tomorrow?**
dj<sup>e</sup> häv enii pläns f<sup>e</sup>r t<sup>e</sup>maarow
*tust du haben irgendwelche Pläne für morgen*
Hast du morgen schon etwas vor?

🎵 **Well, I thought of going to the movies. Why?**
wel ei thaad<sup>e</sup>v gowin tuu~~dh~~<sup>e</sup> muuviis wei
*also ich dachte an gehend zu die Filme warum*
Ich wollte ins Kino gehen. Wieso?

🎵 **I invited a couple of friends over for dinner ...**
ei inveid<sup>e</sup>d <sup>e</sup>kapl<sup>e</sup>f frends owv<sup>e</sup>r f<sup>e</sup>r din<sup>e</sup>r
*ich lud-ein ein wenige Freunde über für Abendessen*
Ich habe ein paar Freunde zum Abendessen eingeladen, ...

🎵 **... who'd love to meet you.**
huud lavt<sup>e</sup> miitj<sup>e</sup>
*wer'würden lieben zu treffen dich*
... die dich gern kennenlernen möchten.

🎵 **That's sweet of you. I'll come!**
~~dh~~ätß ßwiid<sup>e</sup>fj<sup>e</sup> eil kam
*das'ist süß von dir ich'werde kommen*
Das ist wirklich süß. Ich werde kommen.

76　seventy-six　ßev<sup>e</sup>ndiißikß

# Einladung & zu Gast sein

### 🎵 When should I come over?
wen schudei kamowv<sup>e</sup>r
*wann sollte ich kommen über*
Wann soll ich kommen?

### 🎵 Where do you live?
werdj<sup>e</sup> liv
*wo tust du leben*
Wo wohnst du?

Sie würden gerne etwas mitbringen ...

### 🎵 How about I bring dessert?
hau <sup>e</sup>baut ei bring disöört
*wie über ich bringe Nachtisch*
Wie wär's, wenn ich den Nachtisch mitbringe?

*Natürlich können Sie Ihrem Gastgeber zusätzlich Wein oder Blumen mitbringen.*

**seventy-sevenI** ßev<sup>e</sup>ndiißev<sup>e</sup>n | **77**

# Einladung & zu Gast sein

🔊 **Hi. Come on in. I'm glad you could make it.**
hei kamaanin eim gläd ju kud mejkit
*hallo komme auf in ich'bin froh du konntest machen es*
Hi, komm rein. Schön, dass du kommen konntest.

🔊 **Sit down, please.**
ßit daun pliis
*sitz unten bitte*
Setz dich.

**Take a seat.**
tejkᵉ ßiit
*nimm einen Sitz*
Setz dich.

🔊 **Do you want anything to drink?**
djᵉ waant eniithing tᵉdrink
*tust du wollen irgendetwas zu trinken*
Was möchtest du trinken?

*Nach der ersten Begrüßung gehen Sie einfach wieder zu Smalltalk über.*

Komplimente über das Essen:

🔊 **This is really tasty. How did you make it?**
dhißiß riilii tejßtii hau didjᵉ mejkit
*dies ist wirklich lecker wie tatest du machen es*
Es schmeckt hervorragend. Wie ist das Rezept?

🔊 **Mmh yummy!**
mm jamii
*mmh lecker*
Sehr lecker!

🔊 **Do you want some more?**
djᵉ waant ßam moor
*tust du wollen etwas mehr*
Möchtest du noch etwas mehr?

🔊 **I'd love to.**
eid lav tuu
*ich'würde lieben zu*
Ja gerne.

🔊 **No thanks, I'm stuffed.**
now thänkß eim ßtaft
*nein danke ich'bin gestopft*
Nein danke, ich bin satt.

**78** seventy-eight ßevᵉndii | ejt

# Dating

## Dating

**F**lirten, und sei es ohne Hintergedanken, nur um die sozialen Kontakte anregender zu gestalten, läuft in den U.S.A. etwas anders ab. Mit einem wilden Augenkontakt können sie dort nicht rechnen. Wollen Sie flirten, müssen Sie diejenige / denjenigen gleich ansprechen und sich zu einem ordentlichen date dejt – einer romatischen Verabredung – verabreden. Dazu muss man einiges vorher klären:

*Mit einem Smartphone können Sie sich die mit einem 🎵 gekennzeichneten Sätze dieses Kapitels anhören.*

### 🎵 Are you married?  🎵 No, I'm divorced.
aarj<sup>e</sup> meriid    now eim d<sup>e</sup>voorßt
*bist du verheiratet*  *nein ich'bin geschieden*
Bist du verheiratet? Nein, ich bin geschieden.

### 🎵 Are you going out with someone?
aarj<sup>e</sup> gowin aut with ßamwan
*bist du gehend aus mit jemand*
Bist du mit jemandem zusammen?

### 🎵 Are you dating anyone?
aarj<sup>e</sup> dejdin eniiwan
*bist du verabredend irgendwen*
Siehst du zur Zeit jemanden?

### 🎵 Sorry, I already have a girlfriend / boyfriend.
ßaarii ei oolredii häv<sup>e</sup> göörlfrend / bojfrend
*entschuldige ich schon habe ein Freundin / Freund*
Entschuldige, ich habe eine Freundin /
einen Freund.

seventy-nine  ßev<sup>e</sup>ndiinein  **79**

# Dating

*Blind dates bleind däjts kennt man seit dem gleichnamigen Film mit Kim Basinger & Bruce Willis – eine Verabredung mit einer / einem Unbekannten.*

Man geht beim ersten date immer aus. Einladungen nach Hause sind zu persönlich und finden erst statt, wenn man sich besser kennt.

### Can I take you out for dinner?
känei tejkj<sup>e</sup> aut f<sup>e</sup>r din<sup>e</sup>r
*kann ich nehmen dich aus für Abendessen*
Kann ich dich zum Abendessen einladen?

| ### Sure! | Yeah, o.k. | ### Maybe. |
|---|---|---|
| schur | je<sup>e</sup> owkej | mejbii |
| *sicher* | *ja o.k.* | *vielleicht* |
| Na klar! | Ja, o.k. | Vielleicht. |

### Sorry, I already have plans for tomorrow.
ßaarii ei oolredii häv pläns f<sup>e</sup>r t<sup>e</sup>maarow
*entschuldige ich schon habe Pläne für morgen*
Sorry, ich habe morgen schon etwas vor.

### How about Thursday instead?
hau <sup>e</sup>baut ~~th~~öörßdej inßted
*wie über Donnerstag stattdessen*
Wie wäre es mit Donnerstag?

*Viele dates werden als double date dabl dejt eingefädelt, um zwei Menschen unauffällig zu verkuppeln, oder um jemanden unauffällig anmachen zu können.*

### I'll pick you up at seven.
eil pikj<sup>e</sup> ap ät ßev<sup>e</sup>n
*ich'werde picken dich auf um sieben*
Ich hole dich um sieben Uhr ab.

Als Mann sollten Sie bei der Verabredung die Form wahren, der Frau in den Mantel helfen, die Tür des Autos oder des Lokals aufhalten und die Frau nach Hause bis zur Tür begleiten.

**80** | eighty ejdii

# Dating

Seien Sie ganz Gentleman der alten Schule.
Trotz feminism feminis<sup>e</sup>m und women's lib wim<sup>e</sup>ns *Feminismus &*
lib zahlt meist immer noch der Mann.   *„Frauen-Befreiung"*

### 🎵 Can I take you home?
känei tejkj<sup>e</sup> howm
*kann ich nehmen dich zu-Hause*
Kann ich dich nach Hause bringen?

### 🎵 Can we see each other again?
kän wii ßii iitschad<sup>h</sup>er <sup>e</sup>gen
*können wir sehen jeder anderen nochmal*
Können wir uns nochmal treffen?

### 🎵 I hope to see you again soon.
eihowp t<sup>e</sup>ßiij<sup>e</sup> <sup>e</sup>gen ßuun
*ich hoffe zu sehen dich wieder bald*
Ich hoffe, wir sehen uns bald wieder.

### 🎵 Thanks for the nice evening.
~~th~~änkß f<sup>e</sup>r ~~dh~~<sup>e</sup> neis iivning
*danke für der nette Abend*
Danke für den netten Abend.

eighty-one  ejdiiwan | **81**

## Liebesgeflüster

**S**tecken Sie Ihre Erwartungen an Ihr erstes date nicht zu hoch. Für religiöse Amerikaner bleibt Beischlaf vor der Ehe etwas Frivoles. Wenn Sie dennoch mit jemandem intimer werden, sollten Sie über safer sex ßejfᵉr ßekß sprechen. Nicht nur wegen AIDS, sondern auch wegen Hepatitis, Syphilis und nicht zuletzt ungewollter Schwangerschaften. Die Rate für teenage pregnancies tiinejdsh pregnᵉntßiis (Schwangerschaften von Jugendlichen) und abortions ᵉboorschᵉns (Abtreibungen) ist schon mehr als zu hoch! Sexuelle Aufklärung (sexual education ßekschᵉl edshᵉkejschᵉn) versteckt sich in den USA leider hinter unglaublicher Prüderie.

### Do you have any condoms / a rubber?
djᵉ häv enii kaandᵉmß / ᵉrabᵉr
*tust du haben irgendwelche Kondome / ein Gummi*
Hast du Komdome / ein Gummi dabei?

### Do you have any gloves / dental dam?
djᵉ häv enii glavs / dendᵉl däm
*tust du haben irgendwelche Handschuhe / dentaler Damm*
Hast du Handschuhe / einen Mundeinsatz?

*Alles andere sagen Sie einfach in der* universal language of love juunᵉwöörßᵉl längwitschᵉv lav, *„der Sprache der Liebe!"*

Wenn man sich über Safer Sex ausgetauscht hat und sich hat testen lassen, geht es vielleicht nur noch um die Empfängnisverhütung:

# Liebesgeflüster

### Do you take the pill?
dj<sup>e</sup> tejk dh<sup>e</sup> pil
*tust du nehmen die Pille*
Nimmst du die Pille?

## Honeymoon

In Las Vegas kann man sich innerhalb von Minuten, ohne Aufgebot, ab $35 bar auf die Hand vor wildfremden Menschen das Ja-Wort geben: in einer chapel tschäp<sup>e</sup>l (Kapelle) oder gar einem drive thru dreiv ~~th~~ruu – einem Schalter, an dem Sie im Auto sitzend getraut werden.

*Berühmte Hochzeiten in Las Vegas:*
*Michael Jordan & Gattin,*
*Joan Collins & Gatte,*
*Bruce Willis & Demi Moore*
*und natürlich*
*Elvis & Priscilla*

### 🎵 We'd like to get married.
wid leikt<sup>e</sup> get meriid
*wir würden mögen zu bekommen verheiratet*
Wir möchten heiraten.

### 🎵 Have you been married before?
hävj<sup>e</sup> bin meriid bifoor
*hast du gewesen verheiratet vorher*
Waren Sie schon mal verheiratet?

### 🎵 May I see your ID please.
mejei ßii j<sup>e</sup>r ei | dii pliis
*darf ich sehen dein Ausweis bitte*
Darf ich bitte Ihren Ausweis sehen?

### 🎵 I hereby pronounce you man and wife.
ei hirbei pr<sup>e</sup>nauntß juu män<sup>e</sup>n weif
*ich hiermit erkläre sie Mann und Frau*
Hiermit erkläre ich Sie für Mann und Frau.

**eighty-three** ejdiithrii | **83**

## Essen & Trinken

### Essen & Trinken

**S**ie gehören zu denen, die glauben, die amerikanische Küche habe nichts außer ungesundem fast food zu bieten? Weit gefehlt! Sie ist so vielseitig wie Amerikas Landschaften und Menschen. Die besten Leckereien finden Sie oft aber auf dem Esstisch einer amerikanischen Familie, da auch Amis im Restaurant etwas anderes essen möchten als zu Hause.

| | **breakfast** | brekfeßt | Frühstück |
|---|---|---|---|
| downat | **donut** | | süßer runder Hefekringel mit Zucker- / Schokoguss |
| bejgel | **bagel** | | salziger runder Hefekringel |
| mafen | **muffin** | | süßer Minisandkuchen |
| ßleißef towßt | **slice of toast** | | eine Scheibe Toastbrot |
| ßleißev bred | **slice of bread** | | eine Scheibe Brot |
| howlgrejn | **wholegrain** | | Vollkorn- |
| weit | **white** | | Weiß- |
| ban / rowl | **bun / roll** | | Brötchen |
| pampernikl | **pumpernickel** | | Schwarzbrot |
| bader | **butter** | | Butter |
| häm | **ham** | | Schinken |
| tschiis | **cheese** | | Käse |
| piinatbader | **peanut butter** | | Erdnussbutter |
| dshelii | **jelly** | | Marmelade / Fruchtgelee |
| bejken | **bacon** | | Frühstücksspeck, gebraten |
| egs | **eggs** | | Eier |
| ßaniißeidap | **e. sunny side up** | | Spiegelei *(sonnige Seite oben)* |
| owveriisi | **e. over easy** | | Spiegelei beidseitig gebraten |

**84** | eighty-four ejdiifoor

# Essen & Trinken

| scrambled eggs | Rührei | ßkrämbeldegs |
|---|---|---|
| omelet | Omelette | aamlet |
| hash browns | Rösti / Art Reibekuchen | häsch brauns |
| sausage | kleine Würstchen, pikant | ßoßidsch |
| (a stack of) | (ein Stapel) Pfannkuchen | (eßtäkef) pänkejkß |
| pancakes | (mit Backpulver gebacken) | |
| maple syrup | Ahornsirup (zu pancakes) | mejpl ßirep |
| cereals | Oberbegriff für Müsli, | ßiriiels |
| | Cornflakes u. ä. | |
| granola | Müsli | grenowle |
| cornflakes | Maisflocken, wie bei uns | koornflejkß |
| oatmeal | Haferflocken | owtmiil |

Erstmal müssen Sie natürlich ein Lokal betreten, wo Sie essen möchten. Dort erwartet Sie meist ein Schild am Eingang, und die hostess howßteß begleitet Sie zu einem Tisch. Das Schild trägt die Aufschrift:

### ⟡ Wait to be seated.
wejt tebii ßiided
*warte zu sein hingesetzt*
Bitte hier warten, Tisch wird zugewiesen.

### ⟡ How many people?
hau menii piipl
Wie viele Personen?

### ⟡ Smoking or non-smoking?
ßmowking oor naanßmowking
*rauchend oder nicht-rauchend*
Raucher oder Nichtraucher?

*In der Mehrheit der Bundesstaaten ist das Rauchen in Restaurants mittlerweile gesetzlich verboten.*

**eighty-five** ejdiifeiv **85**

## Essen & Trinken

Die hostess verschwindet wieder in den Eingangsbereich, und von nun an kümmert sich eine Bedienung um Sie, bringt Ihnen die Speisekarte (menu menjuu) und eine Kanne Wasser, mit Eis (a pitcher of water ᵉpitschᵉrᵉv waadᵉr) und stellt sich Ihnen vor:

appetizer
äpᵉteisᵉr
*Vorspise*

soup
ßuup
*Suppe*

entrée
aantrej
*Hauptspise*

dessert
disöört
*Nachspise*

🎵 **Hi, I'm Linda. May I take your order?**
hei eim lindᵉ mejei tejkjᵉr oordᵉr
*hallo ich'bin Linda darf ich nehmen deine Bestellung*
Hallo, mein Name ist Linda. Was darf's sein?

🎵 **I'll have eggs and blueberry muffins.**
eil häv egsᵉn bluuberii mafᵉns
*ich'werde haben Eier und Blaubeere Küchlein*
Ich nehme Eier und Blaubeer-Muffins.

🎵 **How do you want your eggs?**
hau djᵉ waantjᵉr egs
*wie tust du wollen deine Eier*
Wie wollen Sie die Eier haben?

🎵 **Sunny side up with bacon on the side.**
ßaniißeidap ~~with~~ bejkᵉn aan~~dh~~ᵉ ßajd
*sonnig Seite hoch mit Speck auf die Seite*
Spiegeleier mit Speck separat.

🎵 **Anything to drink?**
enii~~th~~ing tᵉdrink
*irgendetwas zu trinken*
Und zu trinken?

**86** eighty-six ejdiißikß

## Essen & Trinken

| | | |
|---|---|---|
| **(hot / cold) milk** | (warme / kalte) Milch | (haat / kowld) milk |
| **yogurt** | Joghurt | jowg$^e$rt |
| **(cup / mug of)** **coffee** | (kleine / große Tasse) Kaffee | (kap$^e$f / mag$^e$f) kaafii |
| **with or without** | mit Milch oder schwarz | with oor widhaut |
| **decaf** | koffeinfreier Kaffee | diikäf |
| **tea** | Tee | tii |
| **sugar** | Zucker | schug$^e$r |
| **cream** | (Kaffee-)Sahne *(man trinkt keine Milch im Kaffee)* | kriim |
| **hot chocolate** | warmer Kakao | haat tschaakl$^e$t |
| **orange juice** | Orangensaft | aarindsh dshuuß |
| **grapefruit juice** | Grapefruitsaft | grejpfruut dshuuß |

### 🍹 Some coffee with cream, please.
ßam kaafii with kriim pliis
*einigen Kaffee mit Sahne bitte*
Einen Kaffee mit Milch, bitte.

### 🍹 Regular or decaf?
regj$^e$l$^e$r oor diikäf
Normal oder koffeinfrei?

### 🍹 Can I have a refill?
känei häv$^e$ riifil
*kann ich haben eine Wiederfüllung*
Kann ich noch eine Tasse Kaffee haben?

*Ein* (free) refill
(frii) riifil *ist das kostenlose Nach- schenken von Kaffee und anderen Getränken.*

### 🍹 Coming right up.
kamin reidap
*kommend genau auf*
Kommt sofort.

## Essen & Trinken

### Restaurant, Imbiss & Café

| | | |
|---|---|---|
| dein<sup>e</sup>r | **diner** | informelles Restaurant |
| trakßtaap | **truck stop** | *Art* Raststätte |
| delii | **deli** | *besserer* Sandwich-Imbiss |
| reßt<sup>e</sup>raant | **restaurant** | Restaurant |
| dreivthruu / dreivin | **drive-thru / drive-in** | „Durchfahr"-Restaurant |
| oolj<sup>e</sup> käniit | **all you can eat** | Buffet, bis man satt ist |
| tejkaut / deinin | **take-out / dine in** | mitnehmen / hier essen |
| b<sup>e</sup>fej | **buffet** | Büfett |
| haatdaag ßtänd | **hotdog stand** | Würstchenbude |
| kaafii schaap | **coffee shop** | Café *(Kaffee und Kekse)* |

Das Frühstück nehmen Amerikaner meist bis 8 Uhr zu sich. Zum lunch lantsch (Mittagessen) gibt es oft ein sandwich ßänwitsch. Die Standards:

### PBJ sandwich (peanut butter and jelly)

*Ein* sandwich *gibt es* open-faced owp<sup>e</sup>n fejßt *(offen), doppel- und dreistöckig, oder supergroß:* grinder greind<sup>e</sup>r. *Auf dem* sandwich *ist immer* butter bad<sup>e</sup>r *und* mayonnaise mej<sup>e</sup>niis. *Dazu kommt, je nachdem,* mustard maßt<sup>e</sup>rd *(Senf),* ketchup ketschap *(Ketchup) oder* relish relisch *(Chutney).*

piibidshej ßänwitsch (piinatbad<sup>e</sup>r<sup>n</sup> dshelii)
Toast, Erdnussbutter, Marmelade (offen)

### Club sandwich
klab ßänwitsch
drei Toasts, Hühnerbrust, Tomate, Speck

### Reuben sandwich
ruub<sup>e</sup>n ßänwitsch
Pumpernickel, Käse, Corned Beef, Sauerkraut

### BLT sandwich (bacon, lettuce, tomato)
bii | eltii ßänwitsch (bejk<sup>e</sup>n led<sup>e</sup>ß t<sup>e</sup>mejdow)
zwei Toasts, Speck, Salat, Tomate

### pastrami sandwich
p<sup>e</sup>ßtraamii ßänwitsch
zwei Toasts, geräuchertes Rindfleisch

**88** eighty-eight ejdii | ejt

# Essen & Trinken

Der Großstadtbürger lässt sich zu Mittag einen hot dog am Straßenstand zusammenstellen: ein oder zwei Würstchen (wiener wiin<sup>e</sup>r), geröstete Zwiebeln (onions anj<sup>e</sup>ns), dazu saure Gurken (pickles pik<sup>e</sup>ls), Senf , Ketschup. Frühstück und Mittagessen in einem heißt brunch brantsch, und abends isst man in den USA traditionell die große, warme Mahlzeit: als leichte Mahlzeit zu Hause nennt es sich supper ßap<sup>e</sup>r, im Restaurant oder als Festmahl jedoch dinner din<sup>e</sup>r.

Die großen Viehfarmen der USA haben Fleisch zur Nummer Eins auf dem Speiseplan werden lassen, am liebsten beim bar-B-Q baarbikjuu (Grillen mit Holzkohle oder Gas).

*Anstelle eines* sandwich *können Sie auch einen* wrap räp *bestellen, das ist vom Prinzip her dasselbe, nur steckt die Füllung in einem Weizenfladen.*

| meat | miit | Fleisch |
|------|------|---------|
| **sirloin (steak)** | ohne Knochen (groß) | ßöörloin (ßtejk) |
| **rib eye (steak)** | ohne Knochen (zart) | ribei (ßtejk) |
| **T-bone (steak)** | Mittelteil (eher fett) | tiibown (ßtejk) |
| **tenderloin (steak)** | Filet (mager) | tend<sup>e</sup>rloin (ßtejk) |
| **strip (steak)** | Kotelett | ßtrip (ßtejk) |
| **spare rib** | Rippenstücke | ßperrib |
| **pork** | Schweinefleisch | poork |
| **beef** | Rindfleisch | biif |
| **chicken** | Hähnchen | tschik<sup>e</sup>n |

Bestellen Sie ein Steak, werden Sie gefragt:

**Rare, medium or well-done?**
rer miidj<sup>e</sup>m oor weldan
*blutig mittel oder gut-getan*
Blutig, medium oder durchgebraten?

# Essen & Trinken

Sie glauben, ein Hamburger sei nur fast food von den altbekannten Imbissketten? Dann müssen Sie mal einen homemade howmmejd (selbstgemacht) bei Amerikanern zu Hause oder in einem guten diner probieren, mmh ...

| | | |
|---|---|---|
| bööorgᵉr | **burger** | gebratenes Hackfleisch mit Salat und Soße im Brötchen |
| kwoordᵉrpaundᵉr | **quarterpounder** | „Viertelpfünder", sonst s. o. |
| tschiisbööorgᵉr | **cheeseburger** | mit Käse, sonst s. o. |

Dazu gibt's dann natürlich French fries frentsch freis (Pommes frites) mit Ketchup (Mayonnaise gibt es in den USA nie dazu!).

Wenn Ihnen das jetzt zu langweilig war, interessiert Sie bestimmt die Vielfalt der nach Region oder Tradition unterschiedlichen main courses mejn koorßᵉs (Hauptgerichte), zu denen oft eine ganz bestimmte Beilage gehört:

| | |
|---|---|
| tööorkii wiⱨ koornbred ßtafingᵉn kränberii ßooß | **turkey with cornbread stuffing and cranberry sauce** – Truthahn mit Maisbrotfüllung und Preiselbeersauce zu Thanksgiving |
| koorndbiifᵉn käbidsh | **corned beef and cabbage** – Pökelfleisch und Kohl zu St. Patrick's Day |
| dshᵉmbᵉlaajᵉ | **jambalaya** – würziger Eintopf aus Louisiana mit Reis und diversen Bratwurst-Sorten |
| gambow | **gumbo** – scharfer Eintopf aus Louisiana mit Reis, Okraschoten und Fleisch oder Fisch |
| tschilii | **chili** – scharfer Eintopf aus Kidneybohnen und Rindfleisch aus New Mexico |
| bᵉriidows wiⱨ ßaalßᵉ | **burritos with salsa** Bohnen mit Salsasoße im Weizenfladen |

# Essent & Trinken

| | | |
|---|---|---|
| **enchilada with guacamole** – gebackener Maisfladen mit Bohnen, Reis, Fleisch und Gewürzen, dazu ein Avokado-Dip | | entsch<sup>e</sup>laad<sup>e</sup> with gwaak<sup>e</sup>mowlii |
| **succotash** – Bohnen-Mais-Eintopf | | ß<sup>e</sup>k<sup>e</sup>täsch |
| **baked potato with sour cream** – Ofenkartoffel mit saurer Sahne | | bejkt p<sup>e</sup>tejdow with ßau<sup>e</sup>r kriim |
| **pumpkin pie / soup** – Kürbiskuchen / -suppe traditionell zu Halloween | | pamk<sup>e</sup>n pei / ßuup |
| **corn on the cob** – Maiskolben | | koorn aand<sup>h</sup>e kaab |
| **macaroni and cheese** – Nudelauflauf mit Käse | | mäk<sup>e</sup>rownii <sup>e</sup>ntschiis |
| **spaghetti and meatballs** – Spaghetti mit Fleischklößchen | | ßp<sup>e</sup>gedii with miitboolß |
| **meatpie** – gedeckter herzhafter Kuchen mit Fleischfüllung | | miitpei |

| **salad bar** | ßäl<sup>e</sup>d baar | Salatbuffet |
|---|---|---|

| | | |
|---|---|---|
| **coleslaw** | Weißkrautsalat mit Mayonnaise | kowlßloo |
| **Caesar salad** | Blattsalat mit Ei, Anchovis und Olivenöl | ßiis<sup>e</sup>r ßäl<sup>e</sup>d |
| **Waldorf salad** | Salat mit Sellerie, Äpfeln und Walnüssen | woldoorf ßäl<sup>e</sup>d |
| **tuna salad** | Thunfischsalat | tuun<sup>e</sup> ßäl<sup>e</sup>d |
| **chef salad** | gemischter Salat mit Fleisch | schef ßäl<sup>e</sup>d |
| **tossed salad** | grüner Salat mit Dressing | taaßt ßäl<sup>e</sup>d |

**Which dressing?**       🎵 **Give me ....**
witsch dreßing       giv mii
*welche Salatsoße*       *gib mir*
Welche Salatsoße?       Bringen Sie mir ...

**ninety-one** neindiiwan | **91**

# Essen & Trinken

| | | |
|---|---|---|
| thausendeilend dreßing | **Thousand Island dressing** | würzige Salatsoße mit Mayonnaise und Paprika |
| frentsch dreßing | **French dressing** | Vinaigrette |
| itäljen dreßing | **Italian dressing** | Vinaigrette mit Kräutern |
| vineger / ojl | **vinegar / oil** | Essig / Öl |
| ßoolt / peper | **salt / pepper** | Salz / Pfeffer |
| ßpeißes / öörbs | **spices / herbs** | Gewürze / Kräuter |

| **veggies** | vedshiis | Gemüse |
|---|---|---|
| **artichoke** | aardetschowk | Artischocke |
| **eggplant** | egplänt | Aubergine |
| **avocado** | ävekaadow | Avocado |
| **cauliflower** | kooliflauer | Blumenkohl |
| **beans** | biins | Bohnen |
| **broccoli** | braakelii | Brokkoli |
| **endive** | endeiv | Endivie |
| **peas** | piis | Erbsen |
| **scallion** | ßkäljen | Frühlingszwiebel |
| **cucumber** | kjuukamber | Gurke |
| **potato** | petejdow | Kartoffel |
| **chick peas** | tschikpiis | Kichererbsen |
| **garlic** | gaarlik | Knoblauch |
| **kohlrabi** | kowlraabii | Kohlrabi |
| **squash** | ßkwaasch | Kürbis |
| **lentils** | lendels | Linsen |
| **chard** | tschaard | Mangold |
| **carrot** | keret | Möhre |
| **okra** | owkre | Okraschoten |
| **bell pepper** | belpeper | Paprika (Schote) |
| **leek** | liik | Porree |
| **rice** | reiß | Reis |
| **brussels sprout** | braßlßpraut | Rosenkohl |

*Oder Tofu gefällig?*
bean curd
biin köörd

## Essen & Trinken

| | | |
|---|---|---|
| **beet** | biit | Rote Bete |
| **turnip** | töörn<sup>e</sup>p | (Weiße) Rübe |
| **bean sprouts** | biinßprautß | Sojasprossen |
| **asparagus** | <sup>e</sup>ßper<sup>e</sup>geß | Spargel |
| **spinach** | ßpinitsch | Spinat |
| **rutabaga** | ruud<sup>e</sup>bejg<sup>e</sup> | Steckrübe |
| **sweet potato** | ßwiit p<sup>e</sup>tejdow | Süßkartoffel |
| **zucchini** | suukiinii | Zucchini |
| **onion** | anj<sup>e</sup>n | Zwiebel |

Beim Lesen der Speisekarte hilft es auch, die
Zubereitungsarten zu kennen:

| | | |
|---|---|---|
| **broiled** – **roast** | gegrillt – gebraten | brojld – rowßt |
| **braised** – **steamed** | geschmort – gedämpft | brejsd – ßtiimd |
| **baked** – **fried** | gebacken – fritiert | bejkt – freid |
| **stuffed** – **glazed** | gefüllt – glasiert | ßtaft – glejsd |
| **smoked** – **pickled** | geräuchert – eingelegt | ßmowkt – pik<sup>e</sup>ld |
| **poached** – **boiled** | pochiert – gekocht | powtscht – bojld |
| **mashed** | püriert | mäscht |
| **hash** – **stew** | Haschee – Eintopf | häsch – ßtuu |

Wenn Sie gerne Fisch und Meeresfrüchte (fish
and seafood fisch<sup>e</sup>n ßiifuud) mögen:

| | |
|---|---|
| **fried catfish and hushpuppies** – panierter Wels mit Maismehlbällchen | freid kätfisch<sup>e</sup>n haschpapiis |
| **blackened (red)fish** – Rotbarsch mit Cajun-Gewürzen, typisch für den Süden | bläk<sup>e</sup>nd (red)fisch |
| **clam chowder and oyster crackers** – Muschelsuppe und ungesalzene Cracker | kläm tschaud<sup>er</sup>n ojßt<sup>er</sup> kräk<sup>e</sup>rs |
| **steamed mussels** – gedämpfte Miesmuscheln | ßtiimd maß<sup>e</sup>ls |

# Essen & Trinken

| | |
|---|---|
| bojld laabßt<sup>e</sup>r | **broiled lobster** – gegrillter Hummer |
| grild traut / ßoordfisch | **grilled trout** / **swordfish** – gegrillte Forelle / Schwertfisch |
| ojßt<sup>e</sup>r bißk | **oyster bisque** – Austern-Cremesuppe |
| kaadfisch | **codfish** – Kabeljau (als Stockfisch) |
| ßäm<sup>e</sup>n / laakß | **salmon** / **lox** – Lachs / Räucherlachs |
| kroofisch | **crawfish** – Süßwasserkrebse |
| ßkäl<sup>e</sup>pß | **scallops** – Jakobsmuscheln |
| kräbs | **crabs** – Krabben / Krebse |
| schrimp | **shrimp** – Garnelen |

Zu Ihrer Mahlzeit möchten Sie bestimmt etwas trinken. Wasser haben Sie ja ohnehin schon umsonst auf dem Tisch stehen.

| | | |
|---|---|---|
| eißt tii | **iced tea** | Eistee |
| waad<sup>e</sup>r | **water** | Wasser *(ohne Kohlensäure)* |
| milk | **milk** | Milch |
| milkschejk | **milk shake** | Milchshake *(mit Speiseeis)* |
| fruutdshuuß | **(fruit) juice** | (Frucht-)Saft |
| dshindsch<sup>e</sup>rejl | **ginger ale** | Ingwer-Limonade |
| ruutbir | **root beer** | Wurzel-Limonade |
| kowk | **coke** | Coca Cola |
| ßaaftdrink / ßowd<sup>e</sup> | **soft drink** / **soda** | Limonade |

## ♪ Small, medium or large?

ßmool miidj<sup>e</sup>m oor laardsh
*klein mittel oder groß*
Klein, mittel oder groß?

Diese Frage stellt man Ihnen in Bezug auf Limonaden aller Art, Kaffee, aber auch zu Ihrer Portion Fritten. Zur gesünderen Ernährung:

# Essen & Trinken

| | | |
|---|---|---|
| **fat free** | 0% Fett *(Milchprodukte)* | fätfrii |
| **low fat** | fettarm *(Milchprodukte)* | low fät |
| **low carb** | wenig Kohlenhydrate | low kaarb |
| **low cholesterol** | wenig Cholesterin | low keleßteraal |
| **diet** | ohne Zucker *(Getränke)* | deiet |
| **light** | alkoholfrei / kalorienarm | leit |
| **caffeine free** | koffeinfrei *(Cola)* | käfiin frii |
| **decaf** | entkoffeiniert *(Kaffee)* | diikäf |
| **lean** | kalorienarm *(Fleisch)* | liin |
| **kosher** | rein (nach jüdischer Regel) | kowscher |
| **no preservatives** | ohne Konservierungsstoffe | now prisöörvedivs |

Wenn Sie eine normale Cola oder einen schwarzen Kaffee bestellen möchten, nennt sich das regular regjeler (normal).

Erst wenn Sie über 21 Jahre alt sind, können Sie auch etwas Alkoholisches bestellen:

| | | |
|---|---|---|
| **beer** | Bier | bir |
| **(red / white) wine** | (Rot- / Weiß-)Wein | red / weit wein |
| **champagne** | Champagner / Sekt | schämpejn |
| **(wine) cooler** | Schaumwein mit Saft | wein kuuler |
| **bourbon whiskey** | Bourbon Whiskey | böörben wißkii |
| **scotch whiskey** | Scotch Whiskey | ßkaatsch wißkii |
| **cocktail** | Mixgetränk | kaaktejl |
| **eggnogg** | Eierflip *(Weihnachten, oft selbst gemacht)* | egnaag |
| **mulled wine** | Glühwein *(Weihnachten)* | mald wein |

🎧 **Please bring me a scotch.**
pliis bringmii eßkaatsch
*bitte bring mir einen Scotch*
Bringen Sie mir bitte einen Scotch.

**ninety-five** neindiifeiv **95**

# Essen & Trinken

| | | |
|---|---|---|
| ßtrejt | **straight** | ohne Eis *(Alkohol)* |
| aan<del>dh</del>e raakß | **on the rocks** | auf Eis *(Alkohol)* |
| wi<del>dh</del>aut eiß | **without ice** | ohne Eis *(Cola, Limo)* |
| ekän(ef) | **a can (of)** | eine Dose |
| ebaadl(ef) | **a bottle (of)** | eine Flasche |
| epitscher(ef) | **a pitcher (of)** | eine Kanne *(Bier, Wasser)* |
| egläß(ef) | **a glass (of)** | Glas |

### How was your meal?
hau wes jermiil?
*wie war deine Mahlzeit*
Hat es Ihnen geschmeckt?

### Delicious! I'm stuffed now though.
delischeß eim ßtaft nau <del>dh</del>ow
*deliziös ich'bin gestopft jetzt jedoch*
Hervorragend. Jetzt bin ich aber satt.

### Can I get you anything else?
känei getje enii<del>th</del>ing els
*kann ich holen dir irgendwas sonst*
Möchten Sie noch etwas?

| | | |
|---|---|---|
| **dessert** | disöört | Nachtisch |

| | | |
|---|---|---|
| piikän pei | **pecan pie** | Pecannuss-Kuchen |
| bluuberii pei | **blueberry pie** | Blaubeerkuchen |
| äplpei | **apple pie** | Apfelkuchen |
| (aalemowd) | **(à la mode)** | (mit Vanilleeis) |
| kiileimpei | **key lime pie** | Limettenkuchen |
| kejk (with fraaßting) | **cake (with frosting)** | Kuchen mit Zuckerguss |
| (tschaaklet tschip) | **(chocolate chip)** | (Schokoladen-)Kekse |
| kukiis | **cookies** | |

**96** ninety-six  neindiißikß

# Essent & Trinken

| | | |
|---|---|---|
| **brownie** | Schokoladenschnitte | brauwnii |
| **cobbler** | Fruchtkuchen | kaabl<sup>e</sup>r |
| **jello** | Wackelpudding | dshelow |
| **ice cream** | Eiscreme | eißkriim |
| **sundae** | Eisbecher mit Sauce, Sahne und Streuseln | ßandej |
| **fruit** | Obst | fruut |

Zum Thema Früchte und Eiscreme jedoch mehr im Kapitel „Shopping". Dort finden Sie auch alles zum Thema Süßigkeiten.

### 🔊 It was too much. Can you wrap that please?
itw<sup>e</sup>s tuu matsch känj<sup>e</sup> räp ~~dh~~ät pliis
*es war zu viel kannst du einwickeln das bitte*
Es war zu viel. Können Sie das einpacken, bitte?

### 🔊 No, can I have the check please?
now känei häv ~~dh~~e tschek pliis
*nein kann ich haben die Rechnung bitte*
Nein, bringen Sie bitte die Rechnung.

*Sie sollten immer 15–20% der Rechnung als Trinkgeld (*tip *tip) auf dem Tisch liegen lassen, denn das ist das Haupteinkommen von* waiter *wejd*<sup>e</sup>*r (Kellner) bzw.* waitress *wejtr*<sup>e</sup>*ß (Kellnerin).*

Im Kino oder auf der Couch bei Freunden gibt es vielleicht:

| | | |
|---|---|---|
| **(buttered) popcorn** | Salzpopcorn (mit zerlassener Butter) | (bad<sup>e</sup>rd) paapkoorn |
| **nachos with cheese** | Maischips mit Käsesoße | naatschows wi~~th~~ tschiis |
| **bagel chips** | Brötchen-Chips | bejg<sup>e</sup>l tschipß |
| **potato chips** | Kartoffelchips | p<sup>e</sup>tejdow tschipß |
| **pretzels** | kleine Laugenbrezeln | pretß<sup>e</sup>ls |
| **crackers with dip** | salzige Kekse mit Dip | kräk<sup>e</sup>rs wi~~th~~ dip |

ninety-seven  neindiißev<sup>e</sup>n  **97**

# Shopping

## Shopping

*Mit einem Smartphone können Sie sich die mit einem 🎵 gekennzeichneten Sätze dieses Kapitels anhören.*

Nummer Eins der Freizeitvergnügen ist für Amerikaner und Touristen shopping schaaping (Einkaufen) in der mall mool – einem riesigen überdachten Einkaufszentrum. Einkaufsstraßen oder Fußgängerzonen in den Innenstädten gibt es so gut wie gar nicht. Man kauft eben in der mall ein, und da ertönt in jedem Geschäft sofort eine Stimme:

🎵 **Can I help you?**
känei helpj*e*
*kann ich helfen dir*
Kann ich Ihnen helfen?

🎵 **Yes. Do you have … ?**
jeß dj*e* häv
*ja tust du haben*
Ja! Haben Sie … ?

🎵 **No, I'm just looking.**
now eim dshaßt lukin
*nein ich'bin nur schauend*
Nein danke, ich schaue mich nur um.

*Die Ware ist in den allermeisten Staaten ohne Mehrwertsteuer (sales tax ßejls täkß) ausgewiesen. Diese wird erst an der Kasse hinzuaddiert.*

| | |
|---|---|
| **shopping mall** schaaping mool | überdachtes Einkaufszentrum |
| **convenience store** k*e*nviinj*e*ntß ßtoor | 24 Stunden geöffneter Laden mit allen Dingen des täglichen Bedarf |
| **drugstore** dragßtoor | Mischung aus Drogeriemarkt und Apotheke |
| **department store** dipaartm*e*nt ßtoor | Kaufhaus (z. B. K-mart, Walmart) |
| **express lane** ikßpreß lejn | Kasse für Eilige mit nur 3 – 4 Teilen (items eid*e*ms) |

**98** | ninety-eight neindii | ejt

# Shopping

| grocery store | growßerii ßtoor | Supermarkt |
| --- | --- | --- |
| **liquor store** | liker ßtoor | Spirirituosen-geschäft |
| **jeweler's** | dshuuelers | Juwelier |
| **bookstore** | bukßtoor | Buchhandlung |
| **market** | maarket | Markt |
| **bakery** | bejkeri | Bäcker |
| **gift shop** | giftschaap | Souvenirladen |
| **butcher** | butscher | Metzger |
| **cashier** | käschir | Kasse |
| **sales** | ßejls | Ausverkauf |

*Im grocery store packt Ihnen oft ein freundlicher Mitarbeiter Ihre Einkäufe in eine braune Papiertüte.*

### 🗨 How much is it?
hau matsch isit
*wie viel ist es*
Wie viel kostet das?

### 🗨 I'll take this one.
eil tejk dhißwan
*ich'werde nehmen dies eins*
Das nehme ich.

### 🗨 Do you have any less expensive ones?
dje häv enii leßikßpenßiv wans
*tust du haben irgendein weniger teuer solche*
Haben Sie auch preiswertere?

### 🗨 Cash or charge?
käsch oor tschaardsh
*bar oder belasten*
Bar oder per Kreditkarte?

*Ohne Kreditkarte (credit card kredit kaard) können Sie sich in den USA kein Auto mieten und müssen viel zu viel Bargeld mit sich herumschleppen, denn die größte Banknote ist $100!*

## Kleidung kaufen

### 🗨 I'd like to try this on.
eid leikte trei dhiß aan
*ich'würde mögen zu probieren dies an*
Ich würde das gerne anprobieren.

# Shopping

*Kleidergrößen sind in den USA ein wenig anders als bei uns. Bei T-Shirts kennt man die Einteilung in:*

S = small
ßmool
*klein*

M = medium
miidjem
*mittel*

L = large
laardsh
*groß*

XL = extra large
ekßtre laardsh
*extra groß*

🛈 **How does it fit?**
hau dasit fit
*wie tut es passen*
Wie sitzt es?

🛈 **It's great! I like it.**
itß grejt ei leikit
*es'ist großartig ich mag es*
Es ist super. Ich mag es.

🛈 **It's too small / big / short / long / tight / baggy.**
itß tuu ßmool / big / schoort / long / teit / bägii
*es'ist zu klein / groß / kurz / lang / eng / weit*
Es ist zu klein / groß / kurz / lang / eng / weit.

🛈 **My (European) size is ...**
mei (jurepiien) ßeis is
*meine europäische Größe ist*
Ich habe (die europäische) Größe ...

🛈 **Do you have this one in large / small / blue?**
dje häv ~~dhi~~ßwan in laardsh / ßmool / bluu
*tust du haben dies eine in groß / klein / blau*
Haben Sie dieses noch in Größe L / S / in blau?

🛈 **Do you like it?**
dje leikit
*tust du mögen es*
Wie finden Sie es?

🛈 **It looks very nice.**
ii lukß verii neiß
*es aussieht sehr schön*
Es sieht sehr gut aus.

*Fast alle Farbbezeichnungen können Sie kombinieren mit:*

dark  daark  *dunkel*

light  leit  *hell*

| **colors** | kalers | Farben | | | |
|---|---|---|---|---|---|
| **white** | weit | weiß | **black** | bläk | schwarz |
| **gray** | grej | grau | **pink** | pink | rosa |
| **purple** | pöörpl | lila | **yellow** | jelow | gelb |
| **red** | red | rot | **brown** | braun | braun |
| **blue** | bluu | blau | **green** | griin | grün |
| **orange** | aarindsh | orange | **silver** | ßilver | silbern |

**100** | **hundred** handred

# Shopping

## clothes klows Kleidungsstücke

| | | |
|---|---|---|
| **bandan(n)a** | bändän^e | Kopf- / Halstuch |
| **belt – buckle** | belt – bakl | Gürtel – Schnalle |
| **bikini** | b^ekiinii | Bikini |
| **blue jeans** | bluu dshiins | Jeans |
| **boots** | buutß | Stiefel |
| **bra** | braa | BH |
| **cap** | käp | Kappe |
| **coat** | kowt | Mantel |
| **dress** | dreß | Kleid |
| **gloves** | glavs | Handschuhe |
| **hat** | hät | Hut |
| **jacket** | dshäk^et | Jacke |
| **pants** | päntß | Hose |
| **(panty) hose** | (päntii) hows | Strumpfhose |
| **rain gear** | rejn gir | Regenkleidung |
| **sandals** | ßänd^els | Sandalen |
| **shirt** | schöört | Hemd |
| **shoes** | schuus | Schuhe |
| **shorts** | schoortß | kurze Hose |
| **skirt** | ßköört | Rock |
| **sneakers** | ßniik^ers | Turnschuhe |
| **socks** | ßaakß | Socken / Strümpfe |
| **suit** | ßuut | Anzug / Kostüm |
| **sweater** | ßwed^er | Pullover |
| **swim suit** | ßwim ßuut | Badehose / -anzug |
| **tie** | tei | Krawatte |
| **turtle neck** | töördl nek | Rollkragenpulli |
| **tuxedo** | t^ekßiidow | Smoking |
| **T-shirt** | tii\|schöört | T-Shirt |
| **underwear** | and^erwer | Unterwäsche |
| **vest** | veßt | Weste |

*Die richtigen Kleidungs- und Schuhgrößen sind so kompliziert nach Männern, Frauen und nach Art des Kleidungsstückes aufgeteilt, dass man sich am besten im Geschäft beraten lässt.*

*Fragt man nach einem* shirt, *wird man gefragt:*

Long or short sleeves?
long oor schoort ßliivs
*Lange oder kurze Ärmel?*

**hundred one** handr^edwan **101**

# Shopping

### 🔊 What kind of material is this?
wat keind{ev} m{e}tirii{el} is ~~dh~~iß
*was Art von Material ist dies*
Aus welchem Material ist das?

| | | |
|---|---|---|
| **cotton** | kaat{en} | Baumwolle |
| **silk** | ßilk | Seide |
| **(lambs)wool** | (läms)wuul | (Schafs-)Wolle |
| **synthetics** | ßinth{e}dikß | synthetisch |
| **fleece** | fliiß | Fleece |
| **linen** | lin{en} | Leinen |
| **leather** | le{dh}{er} | Leder |

### was Sie vielleicht dringend brauchen ...

... ist typischerweise etwas Wichtiges zur Körperpflege oder auch ein Päckchen Zigaretten.

### 🔊 I'd like ...
eidleik
*ich'würde mögen*
Ich hätte gern...

| | | |
|---|---|---|
| {e}piiß{ef} | **a piece of** | ein Stück *(z. B. Seife)* |
| {e}kapl{ef} | **a couple of** | ein paar |
| ßam / {e}fjuu | **some / a few** | einige |
| {e}kän{ef} | **a can of** | eine Dose / Konserve |
| {e}päk{ef} | **a pack of** | eine Schachtel *(Zigaretten)* |
| {e}pär{ef} | **a pair of** | ein Paar *(Hose, Brille, Schere)* |
| {e}rowl{ef} | **a roll of** | ein Röllchen *(Film)* |
| {e}baadl{ef} | **a bottle of** | eine Flasche *(Shampoo)* |
| {e}tuub{ef} | **a tube of** | eine Tube *(Zahnpasta)* |
| {e}baakß{ef} | **a box of** | eine Schachtel *(Streichhölzer)* |

**102** hundred two  handr{ed}tuu

# Shopping

| | | |
|---|---|---|
| **adhesive tape** | ᵉdhiißiv tejp | Klebeband |
| **chapstick** | tschäpßtik | Lippenpflegestift |
| **cigarettes** | ßigᵉretß | Zigaretten |
| **condom** | kaandᵉm | Kondom |
| **deodorant** | dii \| owdᵉrᵉnt | Deodorant |
| **detergent** | ditöördshᵉnt | Waschmittel |
| **diaper** | deipᵉr | Windel |
| **envelope** | envᵉlowp | Briefumschlag |
| **flipflops** | flipflaapß | Badelatschen |
| **glue** | gluu | Klebstoff |
| **matches** | mätschᵉs | Streichhölzer |
| **mosquito repellent** | mëßkiidow ripelᵉnt | Mückenschutz-mittel |
| **needle** | niidl | Nadel |
| **razor blade** | rejsᵉr blejd | Rasierklinge |
| **saline solution** | ßejliin ßᵉluuschᵉn | Kochsalz-lösung |
| **sanitary napkin** | ßäniterii näpkin | Damenbinde |
| **scissors** | ßisᵉrs | Schere |
| **shampoo** | schämpuu | Shampoo |
| **shoelace** | schuulejß | Schnürsenkel |
| **skin lotion** | ßkin lowschᵉn | Hautcreme |
| **soap** | ßowp | Seife |
| **(sun)glasses** | (ßan)gläßᵉs | (Sonnen-)Brille |
| **suntan lotion** | ßantän lowschᵉn | Sonnencreme |
| **tampon** | tämpaan | Tampon |
| **thread** | t̶h̶red | Faden |
| **tissue** | tischuu | Taschentuch |
| **tobacco** | tᵉbäkow | Tabak |
| **toothbrush** | tuut̶h̶brasch | Zahnbürste |
| **toothpaste** | tuut̶h̶pejßt | Zahnpasta |

with filter  w̶i̶t̶h̶ filtᵉr
*mit Filter*

with factor  w̶i̶t̶h̶ fäktᵉr
*mit Faktor*

**hundred three**  handrᵉdt̶h̶rii  **103**

# Shopping

Sie brauchen noch Film für Ihre Kamera?

| | | |
|---|---|---|
| *Farbfilm* | **color print film** | kal<sup>e</sup>rprint film |
| *Schwarzweißfilm* | **black and white film** | bläk<sup>e</sup>nweit film |
| *Diafilm* | **slide film** | ßleid film |
| *24 / 36 Aufnahmen* | **24 / 36 exposures** | ... ikßpowsh<sup>e</sup>rs |
| *... ASA* | **... ASA** | ej \| eß \| ej |
| *Batterie* | **battery** | bäd<sup>e</sup>rii |

## Lebensmittel einkaufen

Hier nenne ich nur die Lebensmittel, die nicht schon im Kapitel „Essen & Trinken" vorkamen. Diese Liste hilft Ihnen auch beim Verstehen der unzähligen Eissorten (ice cream flavors eißkriim flejv<sup>e</sup>rs), die es in den USA gibt.

frozen yogurt  frows<sup>e</sup>n joug<sup>e</sup>rt
*Jogurteis*

### Which flavor would you like?
popsicle  paapßikl  witsch flejv<sup>e</sup>r wudj<sup>e</sup> leik
*Wassereis*  *welcher Geschmack würdest du mögen*
Welche Sorte möchten Sie?

sherbet  schöörb<sup>e</sup>t
*Sorbet*

### Cup or cone?        ### How many scoops?
kap oor kown            hau menii ßkuupß
sundae  ßandej          *wie viele Schöpflöffel*
*Eisbecher mit Soße*  *Becher oder Hörnchen*  Wie viel Bällchen?
Becher oder Waffel?

### With hot fudge?        ### Which topping?
wi~~th~~ haat fadsh          witsch taaping
*mit heiß Fondant*          *welche Garnierung*
Mit warmer                  Welche Streusel?
Schokoladensoße? *(dickflüssig)*

**104** | **hundred four**  handr<sup>e</sup>dfoor

# Shopping

| fruits and nuts | fruutßenatß | Früchte und Nüsse |
|---|---|---|
| almond | ämend | Mandarine |
| apple | äpl | Apfel |
| apricot | äprikaat | Aprikose |
| banana | benäne | Banane |
| berry | berii | Beere |
| blueberry | bluuberii | Blaubeere |
| blackberry | bläkberii | Brombeere |
| Brazil nut | bresil nat | Paranuss |
| cashew | käschuu | Cashew |
| chocolate | tschaaklet | Schokolade |
| cranberry | kränberii | Preiselbeere |
| cherry | tscherii | Kirsche |
| grape | grejp | Traube |
| grapefruit | grejpfruut | Grapefruit |
| hazelnut | hejselnat | Haselnuss |
| hickory | hikerii | Hickory-Nuss |
| lemon – lime | lemen – leim | Zitrone – Limette |
| macadamia | mäkedejmie | Makadamia-Nuss |
| melon | melen | Melone |
| orange | aarindsh | Apfelsine |
| peach | piitsch | Pfirsich |
| peanut | piinat | Erdnuss |
| pear | per | Birne |
| pecan | piikän | Pecannuss |
| pineapple | peinäpl | Ananas |
| pistachio | pißtäschii \| ow | Pistazie |
| plum | plam | Pflaume |
| raspberry | räsberii | Himbeere |
| sprinkles | ßprinkels | Streusel |
| strawberry | ßtrooberii | Erdbeere |
| tangerine | tändsheriin | Mandarine |
| walnut | woolnat | Walnuss |

*Hilfreich bei der Auswahl:*

assorted eßoorded
*gemischt*

butter bader
*Butter*

candied kändiid
*kandiert*

chunk tschank
*Stück*

cookies 'n cream
kukiisenkriim
*mit Keksen und Sahne*

glazed glejsd
*mit Zuckerguss*

(honey) roasted
(hani) rowßted
*(mit Honig) geröstet*

in shell in schel
*mit Schale (Nüsse)*

(un)salted (an)ßoolted
*(un)gesalzen*

**hundred five** handredfeiv **105**

# Shopping

### Souvenirs einkaufen

Zu den besten Mitbringseln aus den USA gehört sicherlich die Vielfalt an andersartigen Süßigkeiten, die dort hergestellt werden.

**candy** kändii Süßigkeiten

| | | |
|---|---|---|
| bridl | **brittle** | Karamelisiertes (Krokant) |
| kändii baar | **candy bar** | süßer Riegel |
| tschaakl{e}t baar | **chocolate bar** | Schokoriegel |
| gam draapß | **gum drops** | Weingummi |
| dshelii biins | **jelly beans** | Gummibohnen |
| lik{e}riß | **licorice** | Lakritz |
| leifßejv{e}r | **livesaver** | Pfefferminzbonbon (*wörtl:* Lebensretter) |
| maarschmälow | **marshmallow** | Schaumzuckerstückchen, die die Amerikaner über offenem Feuer rösten |
| ßoolt waad{e}r täfi | **salt water taffy** | weiche Maissirup-Bonbons |
| howmmejd | **homemade** | hausgemacht |

**jewelry** dshuu{e}lrii Schmuck

| | | |
|---|---|---|
| **earring** | iring | Ohrringe |
| **necklace** | nekl{e}ß | Kette |
| **pendant** | pend{e}nt | Anhänger |
| **bracelet** | brejßl{e}t | Armband |
| **ring** | ring | Ring |
| **pin** | pin | Anstecknadel |
| **watch (band)** | waatsch (bänd) | Uhr(enband) |
| **brooch** | browtsch | Brosche |

**106** | **hundred six** handr{e}dßikß

# Shopping

### 🕮 What's this made of?
watß dhiß mejd<sup>e</sup>f
*was'ist dies gemacht von*
Woraus ist das?

| gold | gowld | Gold |
|---|---|---|
| carat | ker<sup>e</sup>t | Karat |
| platinum | plätn<sup>e</sup>m | Platin |
| silver | ßilv<sup>e</sup>r | Silber |
| sterling | ßtöörling | Sterlingsilber (925er) |
| plated | plejd<sup>e</sup>d | vergoldet / versilbert |
| diamond | deim<sup>e</sup>nd | Diamant / Brilliant |
| gem | dshem | Edelstein |
| bead | biid | Schmuckperle |
| pearl | pöörl | (echte) Perle |
| brass | bräß | Messing |
| copper | kaap<sup>e</sup>r | Kupfer |
| pewter | pjuud<sup>e</sup>r | Zinn |
| steel | ßtiil | Stahl |
| porcelain | poorßl<sup>e</sup>n | Porzellan |
| stoneware | ßtownwer | Steingut |
| redware | redwer | Terracotta |
| glass | gläß | Glas |
| plastic | pläßtik | Plastik |
| wood | wud | Holz |

*Wenn Sie richtig typische amerikanische Souvenirs suchen, achten Sie auf alles, was sich Handarbeit nennt:*

hand- händ *hand-*

-made mejd *-gemacht*
-crafted kräft<sup>e</sup>d *-gearbeitet*
-carved kaarvd *-geschnitzt*
-knitted nid<sup>e</sup>d *-gestrickt*
-woven wowv<sup>e</sup>n *-gewebt*

Sollte etwas kaputtgegangen sein, können Sie fragen, ob man es Ihnen reparieren kann:

### 🕮 This broke, can you fix it?
dhiß browk känj<sup>e</sup> fikßit
*dies brach kannst du reparieren es*
Das ist kaputt. Können Sie es reparieren?

**hundred seven** handr<sup>e</sup>dßev<sup>e</sup>n | **107**

# Shopping

| | **crafts** kräftß Handwerk |  |
|---|---|---|

Ganz traditionelle Souvenirs finden Sie bei den Indianern.

| | | |
|---:|---|---|
| bäßk<sup>e</sup>t | **basket** | Korb |
| baan<sup>e</sup>t | **bonnet** | Häuptlings-Federhaube |
| bow<sup>e</sup>nerow | **bow and arrow** | Bogen und Pfeil |
| drams | **drums** | Trommel |
| fedisch (daal) | **fetish (doll)** | Fetisch (Puppe) |
| maak<sup>e</sup>ßens | **moccasins** | Wildlederschuhe |
| piißpeip | **peace pipe** | Friedenspfeife |
| rag | **rug** | Teppich |
| ßänd pejnding | **(sand) painting** | (Sand-)Bild |
| ßkal | **skull** | Schädel |
| driim kätsch<sup>e</sup>r | **dream catcher** | Traumfänger |
| taam<sup>e</sup>haak | **tomahawk** | Wurfaxt, „Kriegsbeil" |

108 | hundred eight  hand<sup>r</sup>edejt

# Shopping

Weitere traditionelle Souvenirs aus der Zeit der ersten Einwanderer finden Sie in den Amisch-Siedlungen (Amish settlements aamisch ßedlm*e*ntß) in Pennsylvania und Ohio. Sie haben bis heute eine recht „altmodische" Lebensart aufrechterhalten. Ein paar traditionelle und moderne Souvenirs aus Amerika:

| | | |
|---|---|---|
| christmas stocking | Weihnachtsstrumpf für Geschenke *(wird in den Kamin gehängt)* | krißmeß ßtaaking |
| baseball bat / mitt | Baseball-Schläger / -Fanghandschuh | bejßbool bät / mit |
| bull whip | Bullenpeitsche | bulwip |
| cowboy hat / boots | Cowboy-Hut / -Stiefel | kauboj hät / buutß |
| coffee mug | große Kaffeetasse | kaafii mag |
| football | Fußball (amerikanisch) | futbool |
| hammock | Hängematte | häm*e*k |
| mailbox | Briefkasten | mejlbaakß |
| pottery | Keramik | paaderii |
| quilt | Steppdecke, genäht in Patchwork-Technik | kwilt |
| refrigerator magnet | Kühlschrank-Magnet | rifridsh*e*rejd*e*r mägn*e*t |
| rocking chair | Schaukelstuhl | raakin tscher |
| chaps | Cowboy-Lederhose | tschäpß |
| spur (straps) | Sporn (Sporenschnalle) | ßpöör (ßträpß) |
| wheelbarrow | Schubkarre | wiilberow |
| wooden toys | Holzspielzeug | wud*e*n tojs |

**hundred nine** handr*e*dnein | **109**

# Unterwegs

## Unterwegs

**D**amit Sie Land und Leute kennenlernen, müssen Sie große Entfernungen zurücklegen.

| | |
|---|---|
| this area | 🔊 **I'd like a map of the city, please.** |
| dhißeri¹e | eid leik⁰ mäp⁰v d̶h̶⁰ ßidii pliis |
| *dieses Gebiet* | *ich'würde mögen eine Karte von die Stadt bitte* |
| | Ich möchte gerne einen Stadtplan, bitte. |
| downtown LA | |
| dantaun el \| ej | Wohin Sie auch wollen, Sie müssen sicherlich |
| *Los Angeles Zentrum* | einmal nach dem Weg fragen: |
| the Bay Area | 🔊 **Excuse me, how do I get to ... ?** |
| dh⁰ bej erii⁰ | ikßkjuusmii hau duu \| ei get t⁰ ... |
| *Region San Francisco* | *enschuldige mich wie tue ich kommen zu ...* |
| | Entschuldigung, wie komme ich zu ...? |
| the Great Lakes | 🔊 **Where can I find a car rental?** |
| d̶h̶⁰ grejt lejkß | wer känei feind ⁰kaar rend⁰l |
| *die Großen Seen* | *wo kann ich finden ein Auto Vermietung* |
| the Yellowstone Park | Wo ist eine Autovermietung? |
| d̶h̶⁰ jelowßtown paark | |
| *der Yellowstone Park* | 🔊 **Straight down this road, ...** |
| | ßtrejt daun d̶h̶iß rowd |
| the Grand Canyon | *geradeaus hinab diese Straße* |
| d̶h̶⁰ gränkänj⁰n | Geradeaus diese Straße runter, ... |
| *der Grand Canyon* | |
| | 🔊 **... then take a left / right at the intersection.** |
| the Florida Keys | d̶h̶en tejk ⁰left / ⁰reit ät d̶h̶i ind⁰rßeksch⁰n |
| d̶h̶⁰ flaar⁰d⁰ kiis | *dann nimm ein links / rechts an die Kreuzung* |
| *Inselkette vor Florida* | ... dann nach links / rechts an der Kreuzung. |

**110** | hundred ten  handr⁰dten

# Unterwegs

🔊 **How long does it take to get there?**
hau long dasit tejkt<sup>e</sup> get ~~d~~her
*wie lang tut es nehmen zu ankommen dort*
Wie lange braucht man bis dort?

🔊 **Can you show it to me on the map?**
känj<sup>e</sup> schowit t<sup>e</sup>mii aan~~dh~~<sup>e</sup> mäp
*kannst du zeigen es zu mir auf die Karte*
Können Sie mir das auf der Karte zeigen?

*Bei einer Wegbeschreibung wird gerne unterteilt in:*

first ... then / next
föörßt ... ~~th~~en / nekßt
*zuerst ... dann / anschließend*

here ... there
hir ... ~~dh~~er
*hier ... dort*

| | | |
|---|---|---|
| **(on the) left** | (aan~~dh~~<sup>e</sup>) left | links |
| **(on the) right** | (aan~~dh~~<sup>e</sup>) reit | rechts |
| **straight (ahead)** | ßtrejt (<sup>e</sup>hed) | geradeaus |
| **up** | ap | hinauf |
| **down** | daun | hinab |
| **at / to** | ät / tuu | bei, an / bis zu |
| **from / toward** | fraam / toord | von / auf ... zu |
| **thru / through** | ~~th~~ruu | (hin)durch |
| **next to** | nekßt<sup>e</sup> | neben |
| **close to** | klowßt<sup>e</sup> | in Nähe von |
| **near(by)** | nir(bei) | in der Nähe |
| **far (away)** | faar(<sup>e</sup>wäj) | weit (weg) |
| **(a bit) further** | (<sup>e</sup>bit) fföör~~dh~~r | (etwas) weiter |
| **across** | <sup>e</sup>kraaß | (gegen)über |
| **in front of** | infraand<sup>e</sup>f | vor |
| **behind** | biheind | hinter |
| **after** | äft<sup>e</sup>r | hinter, nach |
| **back** | bäk | zurück |
| **under(neath)** | and<sup>e</sup>r(niith) | unter(halb) |
| **(cross) over** | (kraaß) owv<sup>e</sup>r | über(queren) |
| **above** | <sup>e</sup>bav | über, oben |
| **inside** | inßeid | innen |
| **outside** | autßeid | außen |

**hundred eleven** handr<sup>e</sup>d ilev<sup>e</sup>n | **111**

## Unterwegs

Das kombiniert man dann mit passenden landmarks ländmaarkß (Orientierungspunkte).

*Bei Richtungsangaben verweist man auch gerne auf die Farbe eines Gebäudes, siehe Kapitel „Shopping".*

*In Straßennamen kommen viele Begriffe vor, und es gibt feststehende Abkürzungen dafür:*
alley (Aly) älii *(Gasse)*
avenue (Ave) äv<sup>e</sup>nuu
boulevard (Blvd) bul<sup>e</sup>vaard
court (Ct) koort *(Wohnhof)*
drive (Dr) dreiv
lane (Ln) lejn
place (Pl) plejß *(Platz)*
road (Rd) rowd
square (Sq) ßkwer *(Platz)*
street (St) ßtriit
way (Wy) wej

| | | |
|---|---|---|
| **big building** | big bilding | großes Gebäude |
| **bridge** | bridsh | Brücke |
| **bus stop** | baß ßtaap | Bushaltestelle |
| **cathedral** | k<s>th</s>iidr<sup>e</sup>l | Kathedrale |
| **church** | tschöörtsch | Kirche |
| **corner** | koorn<sup>e</sup>r | Ecke |
| **crosswalk** | kraaßwook | Zebrastreifen |
| **curve** | köörv | Kurve |
| **dead end** | dedend | Sackgasse |
| **detour** | diitur | Umleitung |
| **district** | dißtrik(t) | Bezirk |
| **downtown** | dauntaun | Innenstadt |
| **exit** | ekßet | Ausfahrt |
| **factory** | fäkt<sup>e</sup>ri | Fabrik |
| **hill** | hil | Hügel |
| **hospital** | haaßpid<sup>e</sup>l | Krankenhaus |
| **hotel** | howtel | Hotel |
| **intersection** | ind<sup>e</sup>rßeksch<sup>e</sup>n | Kreuzung |
| **junction** | dshanksch<sup>e</sup>n | Kreuzung |
| **lights** | leitß | Ampel |
| **museum** | mjuusii<sup>e</sup>m | Museum |
| **one-way street** | wanwej ßtriit | Einbahnstraße |
| **park** | paark | Park |
| **parking lot** | parking laat | Parkplatz |
| **railroad tracks** | rejlrowd träkß | Bahnschienen |
| **sign** | ßein | Schild |
| **station** | ßtejsch<sup>e</sup>n | Bahnhof |
| **toll plaza** | towl pläs<sup>e</sup> | Mautstation |
| **tower** | tau<sup>e</sup>r | Turm |
| **tunnel** | tan<sup>e</sup>l | Tunnel |

*Die mautpflichtige Autobahn heißt* turnpike *töörnpeik.*

# Unterwegs

Auch für Fernstraßen gibt es Abkürzungen, die auf Schildern und Karten stehen. Stadtautobahnen heißen expressway (Expwy) ikßpreßwej, die (kostenlosen) Autobahnen freeway (Fwy) friiwej, gärtnerisch gestaltete Schnellstraßen parkway (Pkwy) paarkwej, Bundesautobahnen interstate (I) ind$^e$rßtejt, Landstraßen (der Bundesstaaten) highway (Hwy) heiwej, und Dammstraßen am Wasser causeway (Cswy) kaaswej.

Egal, ob Sie mit Flugzeug, Zug, Langstreckenbus oder Schiff verreisen wollen, dieses Vokabular gilt für alle:

*Die oft den ganzen Ort durchlaufenden, schnurgeraden Stadtstraßen werden oft in Abschnitte entsprechend den Himmelsrichtungen unterteilt, wobei der Stadtmittelpunkt als Bezugsort dient:*

N = North noor~~th~~ *Nord*
W = West weßt *West*
S = South ßau~~th~~ *Süd*
E = East iißt *Ost*
Upper ap$^e$r *obere(r)*
Lower low$^e$r *untere(r)*

### 🎵 Is there a bus / flight service to ...?
is ~~th~~er$^e$ baß / fleit ßöörviß tuu
*ist dort ein Bus / Flug Dienst zu*
Gibt es einen Bus / Flug nach ...?

### 🎵 When's the next / last train to ...?
wens ~~th~~$^e$ nekßt / läßt trejn tuu
*wann'ist der nächste / letzte Zug nach*
Wann geht der nächste / letzte Zug nach ...?

### 🎵 Where do I have to change trains / busses?
wer duu | ei hävt$^e$ tschejndsh trejns / baß$^e$s
*wo tue ich haben zu wechseln Züge / Busse*
Wo muss ich umsteigen?

### 🎵 Can you tell me when we're there, please.
känj$^e$ telmii wen wir ~~th~~er pliis
*kannst du erzählen mir wenn wir'sind da bitte*
Können Sie mir Bescheid geben, wenn wir da sind, bitte?

**hundred thirteen** hand$^r$$^e$d ~~th~~öörtiin **113**

# Unterwegs

### 🗨 How long does the trip / flight take?
hau long das ~~dh~~e trip / fleit tejk
*wie lang tut die Reise / Flug nehmen*
Wie lange dauert die Reise / der Flug?

| | | |
|---|---|---|
| **fare** | fer | Fahr- / Flugpreis |
| **ticket** | tiket | Fahr- / Flugschein |
| **one-way** | wanwej | einfache Fahrt |
| **round-trip** | raund trip | hin- und zurück |
| **reservation** | reservejschen | Reservierung |
| **schedule** | ßkedshuul | Fahrplan |
| **delayed** | dilejd | verspätet |
| **destination** | deßtinejschen | Zielort |
| **departure** | dipaartscher | Abfahrt |
| **arrival** | ereivel | Ankunft |
| **connection** | kenekschen | Verbindung |
| **check in** | tschekin | einchecken |
| **boarding pass** | boording päß | Bordkarte |
| **first / second class** | fööržt / ßekend kläß | erste / zweite Klasse |
| **passenger** | päßendsher | Passagier |
| **reclining** | rikleining | verstellbar |
| **window** | window | Fenster |
| **aisle** | eil | Gang |
| **seat** | ßiit | Sitz |
| **reserved** | risöörvd | reserviert |
| **on board** | aanboord | an Bord |
| **non-smoking** | naanßmowking | Nichtraucher |
| **occupied** | aakjuupeid | besetzt *(Toilette)* |
| **baggage claim** | bägidsh klejm | Gepäckausgabe |
| **desk** | deßk | Schalter |

*Man kann sein Gepäck in amerikanischen Langstreckenzügen so wie am Flughafen aufgeben. Auch hier darf das Gepäck nicht schwerer als 75 lbs. sein. Mit dem Gepäckschein (claim check klejm tschek) bekommt man es an der Gepäckausgabe innerhalb einer halben Stunde nach Ankunft wieder.*

114 | hundred fourteen  handred foortiin

# Unterwegs

### 🌀 Is this seat taken?   🌀 How much is it to …?
is ~~th~~iß ßiit tejk<sup>e</sup>n   hau matsch isit tuu
*ist dieser Sitz genommen   wie viel ist es zu*
Ist hier frei?   Wie viel macht es nach …?

### by bus & train   bei baß<sup>e</sup>n trejn   mit Bus & Bahn

AMTRAK ämträk bietet überregionale Zugverbindungen an, und Greyhound grejhaund ist eine bekannte Reisebusgesellschaft. Für Kurzstrecken gibt es Nahverkehrszüge, U-Bahnen, Straßenbahnen, und Busse.

| subway | ßabwej | U-Bahn |
|---|---|---|
| cable car | kejbl kaar | Straßenbahn (San Francisco) |
| airtrain | ertrejn | Schwebebahn |
| platform | plätfoorm | Bahnsteig |
| track | träk | Gleis |
| sleeper | ßliip<sup>e</sup>r | Schlafwagen |
| dining car | deining kaar | Speisewagen |
| auto train | aadow trejn | Autowagen |
| terminal | töörm<sup>e</sup>n<sup>e</sup>l | Busbahnhof |
| bus stop | baß ßtaap | Bushaltestelle |
| line | lein | Linie |

*Zur Benutzung der* subway *in New York müssen Sie sich ein* token towk<sup>e</sup>n *(Eintrittsmünze) oder die* Metrocard metrowkaard *(U-Bahn-Dauerkarte) kaufen.*

### by taxi / cab   bei täkßii / käb   mit dem Taxi

### 🌀 To the airport / train station, please.
tuu ~~th~~i erpoort / trejn ßtejsch<sup>e</sup>n pliis
*zu der Flughafen / Zug Station bitte*
Zum Flughafen / Bahnhof, bitte.

*Es ist üblich, dem* cab driver käb dreiv<sup>e</sup>r *(Taxifahrer) 15% des Fahrpreises als Trinkgeld zu geben.*

**hundred fifteen** handr<sup>e</sup>d fiftiin | **115**

## Unterwegs

*Es gibt auch besondere Arten von Taxis, wie die luxuriöse Stretch-Limousine (limousine lim<sup>e</sup>siin) und das Pendeltaxi (shuttle schadl).*

Achten sie darauf, dass Ihr Taxi mit Taxameter ausgestattet (metered miid<sup>e</sup>rd) ist, dann behalten Sie den Überblick darüber, was Sie am Ende bezahlen müssen.

🎵 **Could you stop here, please?**
kudj<sup>e</sup> ßtaap hir pliis
*kannst du halten hier bitte*
Bitte halten Sie hier an.

| | **by plane** bei plejn | mit dem Flugzeug |
|---|---|---|
| erpoort | **airport** | Flughafen |
| töörm<sup>e</sup>n<sup>e</sup>l | **terminal** | Halle |
| gejt | **gate** | Flugsteig |
| fleit namb<sup>e</sup>r | **flight number** | Flugnummer |
| ikaan<sup>e</sup>mi | **economy (class)** | Touristen(klasse) |
| bisneß | **business (class)** | Geschäfts(klasse) |
| iitiket | **e-ticket** | elektronisches Ticket |
| kerii \| aan bägidsh | **carry-on baggage** | Handgepäck |
| k<sup>e</sup>nföörm | **confirm** | bestätigen *(Flug)* |
| käntßel | **cancel** | stornieren |
| fleid<sup>e</sup>tend<sup>e</sup>nt | **flight attendant** | Steward(ess) |
| friikw<sup>e</sup>nt flei<sup>e</sup>r | **frequent flyer** | Vielflieger |
| apgrejd | **upgrade** | Aufstufung (z. B. von business *auf* economy) |
| er ßikn<sup>e</sup>ß bäg | **air sickness bag** | „Kotztüte" |

🎵 **Do you have anything to declare?**
dj<sup>e</sup> häv eniithing t<sup>e</sup>dikler
*tust du haben irgendetwas zu verzollen*
Haben sie etwas zu verzollen?

**116** | **hundred sixteen** handr<sup>e</sup>d ßikßtiin

# Unterwegs

🔊 **Open the suitcase / bag, please.**
owp⁽e⁾n ~~dh~~⁽e⁾ ßuutkejß / bäg pliis
*öffnen den Koffer / Tasche bitte*
Öffnen Sie den Koffer / die Tasche, bitte.

| by boat / ship | bei bowt / schip | mit dem Schiff |
|---|---|---|
| **cabin** | käbin | Kabine |
| **deck** | dek | Deck |
| **lifeboat** | leifbowt | Rettungsboot |
| **life jacket** | leif dshäk⁽e⁾t | Schwimmweste |
| **pier** | pir | Landungsbrücke |
| **port / harbor** | poort / haarb⁽e⁾r | Hafen |
| **seasick** | ßiißik | seekrank |

*Einige Bootarten:*
ferry ferii
*Fähre*
hydrofoil heidr⁽e⁾fojl
*Tragflächenboot*
hovercraft hav⁽e⁾rkräft
*Luftkissenboot*
sailboat ßejlbowt
*Segelschiff*
steamboat ßtiimbowt
*Dampfschiff*
yacht jaat
*Yacht*

**How long does the cruise / crossing take?**
hau long das ~~dh~~⁽e⁾ kruus / kraaßing tejk
*wie lange tut die Fahrt / Überfahrt nehmen*
Wie lange dauert die Fahrt / Überfahrt?

| car rental | kaar rend⁽e⁾l | Autovermietung |
|---|---|---|

Wenn Sie über 25 Jahre alt sind, eine Kreditkarte besitzen und einen internationalen Führerschein mitgebracht haben, können Sie in den USA ein Fahrzeug mieten.

🔊 **I'd like to rent a ... / an automatic.**
eid leikt⁽e⁾ rent⁽e⁾ ... / ⁽e⁾naad⁽e⁾mädik)
*ich'würde mögen zu mieten ein ... / ein Automatik*
Ich möchte einen ... / Automatikauto mieten.

*Amerikaner können in den meisten Bundesstaaten Ihren Führerschein (driver's license dreiv⁽e⁾rs leiß⁽e⁾ntß) mit 16 Jahren machen, in NY aber erst mit 18.*

**hundred seventeen** handr⁽e⁾d ßev⁽e⁾ntiin **117**

# Unterwegs

| | | |
|---|---|---|
| **car / vehicle** | kaar / vii<sup>e</sup>kl | Auto / Wagen |
| **sedan** | sidän | Viertürer |
| **convertible** | k<sup>e</sup>nvöörd<sup>e</sup>bl | Cabrio |
| **four wheel drive** | foorwiil dreiv | Geländewagen |
| **station wagon** | ßtejsch<sup>e</sup>n wäg<sup>e</sup>n | Kombi |
| **limo** | limow | Stretch-Limo |
| **motorcycle** | mowd<sup>e</sup>rßeikl | Motorrad |
| **bike** | beik | Rad *(Fahr-, Motor-)* |
| **truck** | trak | LKW |
| **pickup (truck)** | pikap trak | Transporter mit Ladefläche |
| **RV** | aarvii | Wohnmobil |

*Im Flugzeug und im Auto heißt es:*
fasten your seat belt
fäß<sup>e</sup>n j<sup>e</sup>r ßiitbelt
*oder salopper:*
buckle up  baklap
*(Schnallen Sie sich an!).*

*RV ist die Abkürzung für recreational vehicle* rekrii | ejsch<sup>e</sup>n<sup>e</sup>l vii<sup>e</sup>kl „Erholungsfahrzeug".

🔊 **How many miles are included in the price?**
hau menii meils aar inkluud<sup>e</sup>d in dh<sup>e</sup> preiß
*wie viele Meilen sind inbegriffen in dem Preis*
Wie viel Meilen sind im Preis inbegriffen?

🔊 **Is full comprehensive insurance included?**
is ful kaampr<sup>e</sup>hentßiv inschur<sup>e</sup>ntß inkluud<sup>e</sup>d
*ist voll umfassende Versicherung inbegriffen*
Ist eine Vollkaskoversichung enthalten?

*Rechts vor links gibt es nicht. Ist keine Vorfahrtsstraße ausgeschildert, muss jeder anhalten (meist stehen dort Stoppschilder). Derjenige, der als erstes da war, darf auch als erstes wieder losfahren.*

Die Geschwindigkeit misst man in Meilen pro Stunde (mph meils p<sup>e</sup>rau<sup>e</sup>r). Auf Verkehrsschildern steht speed limit ßpiidlimit (Höchstgeschwindigkeit) oder reduce speed riduuß ßpiid:

| | |
|---|---|
| **30–35 mph** | in Ortschaften (48–56 km/h) |
| **35–45 mph** | auf Nebenstraßen (56–72 km/h) |
| **55 mph** | auf highways (88 km/h) |
| **65 mph** | auf Interstates (104 km/h) |

**118** | **hundred eighteen**  handr<sup>e</sup>d ejtiin

# Unterwegs

Das Schild radar control rejd<sup>e</sup>r k<sup>e</sup>ntrowl warnt vor Radarkontrollen. Mautstraßen (toll roads towl rowds bzw. turnpike töörnpeikß, letzteres bezeichnet dann auch die Mautstellen) gibt es vor allem an der Ostküste.

| Pay toll ahead<br>pej towl <sup>e</sup>hed | Achtung Mautstelle! |
|---|---|
| Exact change<br>igsäkt tschejndsh | Passendes Kleingeld bereithalten! |
| Change given<br>tschejndsh giv<sup>e</sup>n | Wechselgeld wird gegeben |

**gas station** gäß ßtejsch<sup>e</sup>n Tankstelle

Auch an der Tanksäule misst man in den USA mit anderen Maßen, nämlich pro gallon (gal) gälen; 1 gallon sind 3,79 Liter. Öl misst man in quart (qt) kwoort; 1 quart sind 0,94 Liter.

🔊 **Fill it up, please.**
filidap pliis
*füllen es auf bitte*
Bitte volltanken.

🔊 **I need one quart of oil.**
ei niid wan kwoord<sup>e</sup>f ojl
*ich brauche ein Quart von Öl*
Ich brauche ein Quart Öl.

🔊 **Could you check oil / water / tire pressure, please?**
kudj<sup>e</sup> tschek ojl / waad<sup>e</sup>r / tei<sup>e</sup>r presch<sup>e</sup>r pliis
*könntest du prüfen Öl / Wasser / Reifen Druck bitte*
Können Sie bitte mal nach dem Öl / Wasser / Reifendruck sehen?

*Besonders in den westlichen Bundesstaaten ist* right turn on red reit töörn aan red *(rechts abbiegen bei roter Ampel) generell erlaubt, außer es ist explizit verboten.*

*Auf der Suche nach einem Parkplatz sollte man Ausschau halten nach:*
parking lot / garage
paarking laat / g<sup>e</sup>raash
*(Parkplatz / Parkhaus).*

*Auf dem Schild für „Vorfahrt gewähren" steht zusätzlich*
yield jiild.

caution kaasch<sup>e</sup>n
*Vorsicht!*

danger dejndsh<sup>e</sup>r
*Gefahr!*

no entry now entrii
*Keine Einfahrt!*

ped-xing ped kraaßing
*Achtung Fußgängerüberweg!*

**hundred nineteen** handr<sup>e</sup>d neintiin **119**

# Unterwegs

### 🎵 What fuel does it take?
wat fjuul dasit tejk
*was Kraftstoff tut es nehmen*
Was tankt das Fahrzeug?

| unleaded | anled{}^ed | bleifrei |
|---|---|---|
| regular | regj{}^el{}^er | 87 Oktan Benzin |
| midgrade | midgrejd | 89 Oktan Benzin |
| premium | priimii{}^em | 91 Oktan Benzin |
| super | ßuup{}^er | Super (91 Oktan) |
| diesel | diis{}^el | Diesel |

### breakdown  brejkdaun  Panne

Wenn Sie mit dem Wagen liegen geblieben sind, sollten Sie sich um einen tow truck tow trak kümmern, der Sie zur nächsten Werkstatt (repair shop riper schaap) abschleppt.

### 🎵 I've got a flat tire / dead battery.
eiv gaad{}^e flät tei{}^er / ded bäd{}^erii
*ich'habe bekommen ein platter Reifen / leere Batterie*
Ich habe einen Platten / leere Batterie.

### 🎵 The ... is broken / won't work.
~~dh~~{}^e ... is browk{}^en / wownt wöörk
*der/die/das ... ist kaputt / will'nicht arbeiten*
Der ... ist kaputt / funktioniert nicht.

### 🎵 Can you fix it?
känj{}^e fikßit
*kannst du reparieren es*
Können Sie das reparieren?

**120** | hundred twenty  handr{}^ed twendii

# Unterwegs

| accelerator | ekßelerejder | Gaspedal |
|---|---|---|
| battery | bäderii | Batterie |
| brakes | brejkß | Bremsen |
| bumper | bamper | Stoßstange |
| clutch | klatsch | Kupplung |
| fan belt | fänbelt | Keilriemen |
| first gear | föörßgir | erster Gang |
| gearshift | girschift | Schaltknüppel |
| headlights | hedleitß | Scheinwerfer |
| hood | hud | Motorhaube |
| motor | mowder | Motor |
| muffler | mafler | Auspuff |
| neutral | nuutrel | Leerlauf *(Getriebe)* |
| radiator | rejdii \| ejder | Kühler |
| reverse | rivöörß | Rückwärtsgang |
| shift | schift | schalten |
| tail light | tejl leit | Rücklicht |
| tire | teier | Reifen |
| transmission | tränsmischen | Getriebe |
| trunk | trank | Kofferraum |
| wheel | wiil | Rad |
| wipers | weipers | Scheibenwischer |

*Wichtig bei Reisen im Sommer ist die Klimaanlage:*
air conditioning (AC)
erkendischening (ejßii)

**hundred twenty-one**  handred twendiiwan | **121**

# Unterwegs

Vielleicht möchten Sie aber auch erst einmal Vorbeifahrende um Hilfe bitten:

*Die Telefonnummer für Notfälle (Krankenwagen, Feuerwehr, Polizei) ist 911; es sei denn, auf den Straßenschildern ist explizit eine andere angegeben.*

**Hi. Thanks for stopping. My car broke down.**
hei thänks für ßtaaping mei kaar browkdaun
*hallo danke für anhaltend mein Auto brach hinab*
Hallo. Danke für's Anhalten. Mein Auto ist liegen geblieben.

**Do you have jumper cables?**
dj<sup>e</sup> häv dshamp<sup>e</sup>r kejbls
*tust du haben Springer Kabel(Mz.)*
Haben Sie ein Startkabel?

| | | |
|---|---|---|
| **flashlight** | fläschleit | Taschenlampe |
| **fuse** | fjuus | Sicherung |
| **pliers** | plei<sup>e</sup>rs | Zange |
| **pry** | prei | Wagenheber |
| **screwdriver** | ßkruudreiv<sup>e</sup>r | Schraubenzieher |
| **spare part** | ßperpaart | Ersatzteil |
| **spark plug** | ßpaarkplag | Zündkerze |
| **tool** | tul | Werkzeug |
| **water** | waad<sup>e</sup>r | Wasser |
| **wrench** | rentsch | Schraubenschlüssel |

**by bike (bicycle)** bei beik (beißikl) mit dem Rad

Wenn Sie viel Zeit mitgebracht haben und Sie sich mit dem Fahrrad durch die Staaten bewegen oder auch nur eines gemietet haben, noch ein wenig Vokabular dazu:

122 | hundred twenty-two  handr<sup>e</sup>d twendiituu

# Unterwegs

| brake | brejk | Bremse |
|---|---|---|
| chain | tschejn | Kette |
| gearshift lever | girschift lev<sup>e</sup>r | Schalthebel |
| handlebars | händlbaars | Lenker |
| luggage racks | lagidsch räkß | Gepäckträger |
| mudguard | madgaard | Schutzblech |
| pannier | pänj<sup>e</sup>r | Packtasche |
| pedal | ped<sup>e</sup>l | Pedal |
| saddle | ßädl | Sattel |
| spoke | ßpowk | Speiche |
| tire repair kit | tei<sup>e</sup>r riper kit | Flickzeug |
| tube | tuub | Schlauch |
| valve | wälv | Ventil |

## accident  äkß<sup>e</sup>d<sup>e</sup>nt  Unfall

Falls es zu diesem unangenehmen Fall kommen sollte, die passenden Wendungen:

*Zur ärztlichen Versorgung finden Sie mehr im Kapitel „Apotheke & Arzt".*

**🔊 I had an accident.**
ei häd<sup>e</sup>n äkß<sup>e</sup>d<sup>e</sup>nt
*ich hatte ein Unfall*
Ich hatte einen Unfall.

**🔊 Nobody's injured.**
nowbaadiis indsh<sup>e</sup>rd
*niemand'ist verletzt*
Keiner ist verletzt.

**🔊 Please call an ambulance!**
pliis kool <sup>e</sup>nämbj<sup>e</sup>l<sup>e</sup>ntß
*bitte rufen ein Krankenwagen*
Rufen Sie bitte einen Krankenwagen!

**🔊 Please help me!**
pliis helpmii
*bitte helfen mir*
Bitte helfen Sie mir!

**hundred twenty-three**  handr<sup>e</sup>d twendiithrii  **123**

# Übernachten

## Übernachten

Im Allgemeinen sind Zimmer in den USA standardmäßig mit einem Doppelbett ausgestattet. Der Preis gilt pro Zimmer, egal wie viele darin übernachten. Wenn Sie ein Schild oder eine Leuchtschrift no vacancy now vejk*e*ntsii sehen, ist kein Zimmer mehr frei.

*Mit einem Smartphone können Sie sich die mit einem 🎵 gekennzeichneten Sätze dieses Kapitels anhören.*

| | | |
|---|---|---|
| **hotel** | howtel | Hotel |
| **motel** | mowtel | Autofahrer-Hotel |
| **inn** | in | kleines Hotel |
| **lodge** | laadsh | kleines Hotel; Hütte |
| **cabin** | käbin | Hütte |
| **bungalow** | bang*e*low | Bungalow, Hütte |
| **cottage** | kaadidsh | Ferienhaus |
| **guesthouse** | geßthauß | Gästehaus |
| **youth hostel** | juuth haaßt*e*l | Jugendherberge |
| **bed and breakfast** | bed*e*n brekf*e*ßt | Privatpension mit Frühstück |
| **camp site** | kämp ßeit | Campingplatz |
| **resort** | risoort | Ferienanlage |
| **apartment** | *e*paartm*e*nt | Wohnung |
| **suite** | ßwiit | Wohnung; *auch:* Hotelsuite |
| **farm** | faarm | Farm, Bauernhof |
| **ranch** | räntsch | Rinderfarm |

🎵 **I'd like a room with ..., please.**
eid leik*e* ruum with ... pliis
*ich'würde mögen ein Zimmer mit ... bitte*
Ich hätte gern ein Zimmer mit ..., bitte.

**124 hundred twenty-four** handr*e*d twendiifoor

# Übernachten

| | | |
|---|---|---|
| ... a double bed | <sup>e</sup>dabl bed | *Doppelbett* |
| ... a twin size bed | <sup>e</sup>twinseis bed | *1 x 2 m breites Bett* |
| ... a queen size bed | <sup>e</sup>kwiinseis bed | *1,5 x 2,2 m Doppelbett* |
| ... a king size bed | <sup>e</sup>kingseis bed | *1,9 x 2,2 m Doppelbett* |
| ... water bed | <sup>e</sup>waad<sup>e</sup>r bed | *Wasserbett* |
| ... air-con – a fan | erkaan – <sup>e</sup>fän | *Klimaanlage – Ventilator* |
| ... a shower – a bathtub | <sup>e</sup>schau<sup>e</sup>r – <sup>e</sup>bäthtab | *Dusche – Badewanne* |
| ... a jacuzzi / a whirlpool | <sup>e</sup>dsh<sup>e</sup>kuusii / <sup>e</sup>wöörlpuul | *Whirlpool* |

🕪 **Can I see the room please?**
känei ßii ~~dh~~<sup>e</sup> ruum pliis
*kann ich sehen das Zimmer bitte*
Kann ich bitte das Zimmer sehen?

🕪 **It's too small. Do you have a bigger one?**
itß tuu ßmool dj<sup>e</sup> häv<sup>e</sup> big<sup>e</sup>r wan
*es ist zu klein tust du haben ein größer eines*
Es ist zu klein. Haben Sie ein größeres?

big – smaller
big – ßmool<sup>e</sup>r
*groß – kleiner*

🕪 **Is breakfast included?**
is brekf<sup>e</sup>ßt inkluud<sup>e</sup>d
*ist Frühstück inbegriffen*
Ist Frühstück im Preis inbegriffen?

expensive
– less expensive
ikßpenßiv – leßikßpenßiv
*teuer – billiger*

🕪 **We serve a free continental breakfast.**
wii ßöörv<sup>e</sup> frii kaant<sup>e</sup>nent<sup>e</sup>l brekf<sup>e</sup>ßt
*wir servieren ein frei kontinentales Frühstück*
Sie bekommen ein Frühstück umsonst.

far-off – closer
faaraaf – klowß<sup>e</sup>r
*weit weg – näher*

🕪 **What are your rates (for ...)?**
wadaar j<sup>e</sup>r rejtß (f<sup>e</sup>r)
*was sind deine Raten für*
Wie viel kosten die Zimmer (für / pro ...)?

**hundred twenty-five** handr<sup>e</sup>d twendiifeiv **125**

# Übernachten

| | | |
|---|---|---|
| *drei Nächte / eine Woche* | **three nights / a week** | ᵗʰrii neitß / ᵉwiik |
| *ein Auto mit Wohnwagen* | **a car with trailer** | ᵉkaar wiᵗʰ trejlᵉr |
| *ein Wohnmobil* | **a motor home** | ᵉmowdᵉrhowm |
| *Mini-Wohnmobil* | **a truck camper** | ᵉtrak kämpᵉr |
| *ein Zelt* | **a tent** | ᵉtent |
| *ein Motorrad* | **a motorcycle** | ᵉmowdᵉrßeikl |
| *zwei Personen* | **two people** | tuu piipl |
| *Waschen* | **laundry service** | laandrii ßöörviß |

🕭 **Please fill out this registration form.**
pliis filaut ᵗʰiß redshißtrejschᵉn foorm
*bitte fülle aus dieses Registrierung Formular*
Bitte füllen Sie das Anmeldeformular aus.

126 | **hundred twenty-six**  handrᵉd twendiißikß

# Übernachten

Das steht auf dem Formular:

| | | |
|---|---|---|
| **single – double** | ßinggl – dabl | Einzel- – Doppel- |
| **guest name** | geßt nejm | Name des Gastes |
| **address** | ädreß | Adresse |
| **city – state** | ßidii – ßtejt | Stadt – Bundesstaat |
| **zip code** | sipkowd | Postleitzahl |
| **country** | kantrii | Land |
| **arrival – departure date** | ereiv{e}l – dipaartsch{e}r dejt | Ankunfts- – Abreisedatum |
| **number of nights** | namb{e}r{e}f neitß | Zahl der Nächte |
| **credit card name** | kreditkaard nejm | Kreditkartenhalter |
| **credit card type** | kreditkaard teip | Kreditkartentyp |
| **credit card number** | kreditkaard namb{e}r | Kreditkartennummer |
| **expiration date** | ekßpirejsch{e}n dejt | Gültigkeitsdatum |
| **signature** | ßign{e}tsch{e}r | Unterschrift |

**We're leaving. I'd like to pay, please.**
wir liivin eid leikt{e} pej pliis
*wir'sind gehend ich'würde mögen zu zahlen bitte*
Wir reisen ab. Ich möchte gern zahlen, bitte.

*Übrigens: Dem* **bell staff** bel ßtäf *gibt man pro getragenes Kofferstück ein bis zwei Dollar.*

Wenn Sie allerdings eine Beschwerde haben, etwas suchen oder noch brauchen:

**The ... is missing / broken / dripping.**
dh{e} ... is mißing / browk{e}n / driping
*das ... ist fehlend / gebrochen / tropfend*
Der / die / das ... fehlt / ist kaputt / ist leck.

**Do you have ...**
dj{e} häv
*tust du haben*
Haben Sie ...?

**I need (an additional) ...**
ei niid ({e}n{e}disch{e}n{e}l)
*ich brauche (ein zusätzlich)*
Ich brauche (ein Extra-) ...

**hundred twenty-seven**  handr{e}d twendißev{e}n   **127**

# Übernachten

*Es empfiehlt sich, für Ihren Rasieraparat oder Föhn bereits in Europa einen Adapter (adapter ᵉdäptᵉr) zu besorgen. Es gibt dort nur Steckdosen für zwei flache Stifte. Die Normspannung in den USA beträgt 110 V bei 60 Hz – also wundern Sie sich nicht, wenn Ihr mitgebrachter Radiowecker nicht ganz richtig tickt.*

| | | |
|---|---|---|
| **comforter** | kampfᵉrdᵉr | Daunendecke |
| **quilt** | kwilt | Überdecke |
| **pillow** | pilow | Kissen |
| **sheet** | schiit | Bettlaken |
| **blanket** | blänkᵉt | Wolldecke |
| **towel** | tauᵉl | Handtuch |
| **heating** | hiiding | Heizung |
| **light (bulb)** | leit (balb) | Lampe (Birne) |
| **refrigerator** | rifridshᵉrejdᵉr | Kühlschrank |
| **TV** | tiivii | Fernseher |
| **ashtray** | äschtrej | Aschenbecher |
| **key** | kii | Schlüssel |
| **safe** | ßejf | Safe |
| **elevator** | elᵉvejdᵉr | Aufzug |
| **stairs** | ßters | Treppe |
| **restroom** | reßtruum | Toilette |
| **toilet tissue** | tojlᵉt tischuu | Toilettenpapier |
| **garbage can** | gaarbidsh kän | Mülleimer |
| **soap** | ßowp | Seife |
| **shampoo** | schämpuu | Schampoo |
| **(hot) water** | (haat) waadᵉr | (warm) Wasser |
| **faucet** | faaßᵉt | Wasserhahn |
| **sink** | ßink | Waschbecken |
| **swimming pool** | ßwiming puul | Schwimmbad |
| **room service** | ruum ßöörviß | Zimmerservice |
| **dining room** | deining ruum | Speisesaal |

Auf dem Campingplatz und der Hütte brauchen Sie noch andere Dinge. Vergessen Sie nicht, wie wichtig es ist, alle Lebensmittel in hermetisch geschlossene Behälter zu verpacken, wenn Sie sich in Nationalparks, in der freien Natur aufhalten! Bären und andere Tie-

# Übernachten

re riechen Lebensmittel Meilen gegen den Wind und werden Sie nicht in Ruhe lassen!

| | | |
|---|---|---|
| **bearproof trash can** | berpruuf träschkän | *bärensicherer Mülleimer* |
| **can opener** | kän owp<sup>e</sup>n<sup>e</sup>r | *Büchsenöffner* |
| **charcoal** | tschaarkowl | *Holzkohle* |
| **cooler** | kuul<sup>e</sup>r | *Kühlbox* |
| **electricity** | ilektriß<sup>e</sup>dii | *Strom* |
| **firestarter** | fei<sup>e</sup>rßtaard<sup>e</sup>r | *Holzanzünder* |
| **firewood** | fei<sup>e</sup>rwud | *Feuerholz* |
| **flashlight** | fläschleit | *Taschenlampe* |
| **food container** | fuud k<sup>e</sup>ntejn<sup>e</sup>r | *Lebensmittelbehälter* |
| **fork** | foork | *Gabel* |
| **gas** | gäß | *Gas* |
| **(Swiss army) knife** | (ßwiß aarmi) neif | *(Schweizer-)Messer* |
| **lantern** | länd<sup>e</sup>rn | *Laterne* |
| **lighter** | leid<sup>e</sup>r | *Feuerzeug* |
| **matches** | mätsch<sup>e</sup>s | *Streichhölzer* |
| **mattress** | mätr<sup>e</sup>ß | *Matratze* |
| **mug** | mag | *Tasse* |
| **pan** | pän | *Pfanne / Topf* |
| **plate** | plejt | *Teller* |
| **rope** | rowp | *Seil* |
| **shade canopy** | schejd kän<sup>e</sup>pi | *Schattensegel* |
| **sleeping bag** | ßliiping bäg | *Schlafsack* |
| **spoon** | ßpuun | *Löffel* |
| **stove (with fuel)** | ßtowv (with fjuul) | *Kocher (mit Benzin)* |
| **tent peg** | tent peg | *Hering* |
| **waste water dump** | wejßt waad<sup>e</sup>r damp | *Abwasserentsorgung* |
| **water bottle** | waad<sup>e</sup>r baadl | *Trinkflasche* |

**hundred twenty-nine** handr<sup>e</sup>d twendiinein | **129**

# Kultur & Entertainment

## Kultur & Entertainment

**B**ei der tourist information turißt inf<sup>e</sup>rmejsch<sup>e</sup>n hilft man Ihnen sicher gern weiter.

*Mit einem Smartphone können Sie sich die mit einem 🎵 gekennzeichneten Sätze dieses Kapitels anhören.*

### 🎵 Do you have a schedule of events?
dj<sup>e</sup> häv<sup>e</sup> ßkedschuul<sup>e</sup>v iventß
*tust du haben ein Zeitplan von Veranstaltungen*
Haben Sie einen Veranstaltungskalender?

### What's on at the ... tomorrow?
watßaan ät ~~dh~~<sup>e</sup> ... t<sup>e</sup>maarow
*was'ist an bei das ... morgen*
Welche(-s/-n) ... läuft / zeigen Sie morgen?

*Eines der berühmtesten Konzertgebäude ist die* Carnegie Hall kaarnegii hool *in New York. Wenn man als Musiker dort einmal aufgetreten ist, hat man es geschafft.*

| | | |
|---|---|---|
| **movie theater** | muuvii ~~th~~ii<sup>e</sup>d<sup>e</sup>r | Kino |
| **theater** | ~~th~~ii<sup>e</sup>d<sup>e</sup>r | Theater |
| **concert hall** | kaanß<sup>e</sup>rt hool | Philharmonie |
| **club** | klab | Klub |
| **box office** | baakßaafiß | Kartenkasse |
| **entrance** | entr<sup>e</sup>ntß | Eingang |
| **exit** | egs<sup>e</sup>t | Ausgang |
| **balcony / tier** | bälk<sup>e</sup>nii / tir | Rang |
| **box** | baakß | Loge |
| **parquet** | paarkej | Parkett |
| **stage** | ßtejdsh | Bühne |
| **checkroom** | tschekruum | Garderobe |

### 🎵 I'd like two tickets for tonight.
eid leik tuu tik<sup>e</sup>tß f<sup>e</sup>r t<sup>e</sup>neit
*ich'würde mögen zwei Karten für heute-Abend*
Zwei Eintrittskarten für heute Abend, bitte.

# Kultur & Entertainment

🗨 **Sorry, it's sold out.**
ßaarii itß ßowld aut
*Entschuldigung es ist verkauft aus*
Es ist leider ausverkauft.

🗨 **Can I reserve tickets for Saturday?**
känei risöörv tiketß fer ßäderdej
*kann ich reservieren Karten für Samstag*
Kann ich Karten für Samstag reservieren?

🗨 **When does the ... start?**
wen das ~~dh~~e ... ßtaart
*wann tut der/die/das ... anfangen*
Wann fängt der / die / das ... an?

*Beim Kino erfährt man, ab welchem Alter man in welchen Film darf:*

rated ... rejded
*gewertet ...*

... G dshii
*... für alle Zuschauer*

PG piidshii
*... in Begleitung von Erwachsenen*

PG-13 piidshii ~~th~~öörtiin
*manche Szenen sind nicht für Kinder unter 13 Jahren geeignet*

R aar
*Jugendliche unter 17 Jahren müssen von Erwachsenen begleitet werden*

NC-17 enßii ßeventiin
*erst ab 18 Jahren*

| | | |
|---|---|---|
| **movie** | muuvii | Film |
| **play** | plej | Theaterstück |
| **concert** | kaanßert | Konzert |
| **show** | schow | Vorführung |
| **open air** | owpener | Freiluft- |
| **musical** | mjuusikel | Musical |
| **jazz** | dshäs | Jazz |
| **blues** | bluus | Blues-Musik |
| **country** | kantrii | Country-Musik |
| **classical music** | kläßikel mjuusik | Klassische Musik |
| **ballet** | bälej | Ballett |
| **opera** | aapere | Oper |
| **cabaret** | käberej | Kabarett, Varieté |
| **comedy** | kaamedii | Komisches Theater |
| **festival** | feßtevel | Festival |
| **parade** | perejd | Straßenumzug |
| **fair** | fer | Jahrmarkt |

**hundred thirty-one** handred ~~th~~öördiiwan   **131**

# Kultur & Entertainment

🔊 **When does the museum open?**
wen das ~~dh~~e mjuusiiem owpen
*wann tut das Museum öffnen*
Wann ist das Museum geöffnet?

Museum of ...
mjuusiiemef ...
Museum der ...

| | | |
|---|---|---|
| **gallery** | gälerii | Galerie |
| **exhibition** | ekßebischen | Ausstellung |
| **library** | leib(r)erii | Bibliothek |
| **monument** | maanjement | Denkmal |
| **memorial** | memooriel | Gedenkstätte |
| **skyscraper** | ßkeißkrejper | Wolkenkratzer |
| **house** | hauß | Haus |
| **building** | bilding | Gebäude |
| **mansion** | mäntschen | Herrenhaus |
| **cemetery** | ßemeterii | Friedhof |
| **grave / tomb** | grejv / tuum | Grab |
| **harbor – pier** | haarber – pir | Hafen – Pier |
| **lighthouse** | leithauß | Leuchtturm |
| **dam** | däm | Damm |
| **church** | tschöörtsch | Kirche |
| **cathedral** | ke~~th~~iidrel | Kathedrale |
| **chapel** | tschäpl | Kapelle |
| **convent** | kaanvent | Kloster |
| **colonial style** | kelowniiel ßteil | Kolonialstil |
| **historic site** | hißtoorik ßeit | historischer Ort |
| **garden** | gaarden | Garten |
| **park** | paark | Park |

... Natural History
nätscherel hißterii
... *Naturkunde*

... Modern Art
maadern aart
... *Modernen Kunst*

... Contemporary Art
kentempererii aart
... *Zeitgenössischen Kunst*

🔊 **Which are the major attractions?**
witsch aar ~~dh~~e mejdsher eträkschens
*welche sind die hauptsächliche Attraktionen*
Was sind die Hauptsehenswürdigkeiten?

**132** | hundred thirty-two   handred ~~th~~ööriituu

# Kultur & Entertainment

## gambling  gämbling  Glücksspiel

Wenn Sie Ihr Geld nicht schon beim Einkauf verprasst haben, könnten Sie es hier vermehren. Aber setzen Sie immer nur soviel, wie Sie sich leisten können zu verlieren – so lautet auch der offizielle Rat der Stadt Las Vegas!

| | | |
|---|---|---|
| **baccarat** | bäk<sup>e</sup>raa | Baccarat-Kartenspiel |
| **bet** | bet | Wette |
| **blackjack** | bläkdshäk | Kartenspiel, auch als „21" bekannt |
| **casino** | k<sup>e</sup>ßiinow | Kasino |
| **chip** | tschip | Kasinogeld |
| **craps** | kräpß | Kartenspiel ähnlich dem Blackjack |
| **dealer** | diil<sup>e</sup>r | Kartengeber |
| **horse race** | hoorß rejß | Pferderennen |
| **keno** | kiinow | *Art* Lotto |
| **writer** | reid<sup>e</sup>r | Aufschreiber *(Keno)* |
| **poker** | powk<sup>e</sup>r | Poker |
| **pool** | puul | Billard |
| **roulette** | ruulet | Roulette |

*Wenn man beim Poker gewinnt, gibt man dem* dealer *einen* chip *als Trinkgeld oder platziert eine Wette für ihn.*

*Beim* keno *gibt man dem* writer *pro Gewinn $1.*

*Auch beliebt:*
slot machine
ßlaatm<sup>e</sup>schiin
*Einarmiger Bandit*

🎵 **I'd like to place a bet on ...**
eid leikt<sup>e</sup> plejß <sup>e</sup>bet aan
*ich'würde mögen zu platzieren eine Wette auf*
Ich würde gerne eine Wette auf ... setzen.

🎵 **$50 on red, please.**
fifti daal<sup>e</sup>rs aan red pliis
*fünfzig Dollar auf rot bitte*
50 Dollar auf Rot, bitte.

# Kultur & Entertainment

## sports ßpoortß Sport

Ein Muss ist der Besuch bei einem Spiel der beiden typisch amerikanischen Sportarten. Wenn Sie nicht zufällig zu den World Series wöörld ßiriis – die Baseball-Weltmeisterschaft – oder zum Super Bowl ßuup<sup>e</sup>r bowl – dem Endspiel der US-Meisterschaft im American Football – in Amerika sind, gibt es jederzeit wichtige Spiele der Universitätsmannschaften gegeneinander.

*pom poms paampaams sind dichte bunte Plastikstreifen-Knäuel. Jeder cheerleader hat in jeder Hand einen.*

Bei jedem Sportereignis in den USA werden Sie auch auf cheerleaders tschirliid<sup>e</sup>rs (wörtl. „Anfeuer-Führer") treffen, eine Gruppe junger Mädchen, die mit Teamschlachtrufen, akrobatischen Kunststückchen und bunten pom poms die Stimmung aufheizt.

## baseball bejßbool Baseball

*Die wichtigsten Spieler beim baseball:*
*pitcher pitsch<sup>e</sup>r*
*Werfer*
*catcher kätsch<sup>e</sup>r*
*Fänger*
*baseman bejßmän*
*„Basis"-Mann*

Auf dem Feld – einem Viertelkreis – treten zwei Mannschaften mit je neun Spielern gegeneinander an. Sie spielen abwechselnd in der Offensive (Schlagmannschaft) und in der Defensive (Feldmannschaft). Es gewinnt die Mannschaft, die mehr Punkte (runs rans) erzielt. Der batter bäd<sup>e</sup>r (Schlagmann) schägt den Ball mit dem bat bät (Schläger) ins Spielfeld und läuft zum ersten base bejß (Basis). Durch weitere strikes ßtreikß (Schläge) der Mitspieler ins Spielfeld versucht der Läufer, alle vier bases zu umrunden und somit einen run zu erzielen. Alles andere erfahren Sie beim Zuschauen.

**134 hundred thirty-four** handr<sup>e</sup>d thöördiifoor

# Kultur & Entertainment

**Are you going to the game / match tonight?**
aarj[e] gowin tuu ~~dh~~[e] gejm / mätsch t[e]neit
*bist du gehend zu das Spiel / Wettkampf heute-Abend*
Gehst du heute Abend zu dem Spiel?

**Could you explain the game to me, please?**
kudj[e] ikßplejn ~~dh~~[e] gejm t[e]mii pliis
*könntest du erklären das Spiel zu mir bitte*
Könnten Sie mir bitte das Spiel erklären?

**football** futbool  Amerikanischer Fußball

Der quarterback kwoord[e]rbäk ist so etwas wie der Mannschaftskapitän, der seinem Team die Anweisungen für die Spielstrategien gibt. Schon zu Schulzeiten gilt er meist als Schwarm der Mädchen. Football-Spieler sind die „harten" Männer. Es ist ja auch ein raues Spiel, in dem die Spieler von oben bis unten in einer „Rüstung" stecken. Es treten jeweils elf Spieler auf einem in Querlinien unterteilten Feld gegeneinander an. Im Grunde geht es bei dem Spiel „nur" darum, den eiförmigen Ball so weit wie möglich in die Hälfte der Verteidiger zurück zu befördern. Dazu hat man nach dem kick-off kikaaf (Anstoß) vier Versuche (downs dauns), um 10 Yards zu überbrücken. Ein Versuch endet, wenn der Ball den Boden berührt (Pass-Spiel) oder der Ballträger zu Boden geworfen wurde (Laufspiel). Passiert dies in der gegnerischen Endzone, erzielt die Mannschaft einen touchdown tatschdaun, der mit sechs Punkten belohnt wird.

*Ein professionelles Footballspiel dauert viermal ein quarter, also eine Viertelstunde. Nach den ersten beiden quarters ist Halbzeit, in der es Musikauftritte von bekannten Musikstars gibt.*

# Kultur & Entertainment

## dancing dänßing Tanzen

Falls Sie zu den Menschen gehören, die sich gerne zum Tanzen ins Getümmel begeben, stelle ich Ihnen hier die verschiedensten Arten vor, dieser Lust in den USA nachzugehen.

| | | |
|---|---|---|
| bool | **ball** | Tanzball. Hier ist ballroom dancing gefragt |
| boolruum dänßing | **ballroom dancing** | Standardtanz, meist in formeller Kleidung |
| klab | **club** | Disco-Klub, je nachdem wird house, R'n'B, soul usw. gespielt |
| kantrii klab | **country club** | Hier gibt es Country-Musik und line / square dancing (oder es ist ein Elite-Club der feinen Gesellschaft) |
| dänßfloor | **dancefloor** | Tanzfläche |
| dißkow | **disco** | veraltetes Wort für club |
| haankiitaank | **honky tonk** | Kneipe mit Country & Western |
| lein dänß | **line dance** | Gruppentanz in Reihen-Formation (in honky tonks) |
| neitklab | **nightclub** | kein Striptease-Lokal, sondern nur eine Bar, die nachts noch auf hat |
| ßlow dänß | **slow dance** | enges Tanzen zu langsamer Musik |
| ßkwer dänß | **square dance** | Gruppentanz in Viereck-Formation (in honky tonks) |
| ßtep dänß | **step dance** | Irischer Tanz, wird am St. Patrick's Day getanzt |
| ßwing dänß | **swing dance** | Swing (Ihre Schuhe müssen rutschen können!) |

# Kultur & Entertainment

**Which type of music do they play there?**
witsch teip$^e$w mjuusik duu ~~dhej~~ plej ~~dher~~
*welche Art von Musik tun sie spielen dort*
Welche Art von Musik läuft da?

**It ranges from rock 'n' roll to funk.**
it rejndsh$^e$s fraam raak$^e$nrowl tuu fank
*es rangiert von Rock'n'Roll bis Funk*
Alles zwischen Rock'n'Roll und Funk.

Die Etikette in einem honky tonk ist typisch für
das traditionelle Amerika. Sie sollten immer
die Begleitung der Dame fragen, ob Sie auch
einen Tanz mit ihr wagen dürfen:

**Do you mind if I dance with this lady?**
dj$^e$ meind ifei dänß with ~~dhiß~~ lejdii
*tust du verübeln wenn ich tanze mit diese Dame*
Stört es Sie, wenn ich mal mit dieser Dame
tanze?

Oder wenn sie allein dort ist und Sie einfach
Gesellschaft suchen:

**May I buy you a drink?**
mejei bei juu $^e$drink
*darf ich kaufen dir ein Getränk*
Darf ich Ihnen einen Drink anbieten?

*Dem* bartender
baartend$^e$r *(Barmann)*
*sollten Sie pro*
*Runde $1–2*
*Trinkgeld geben.*

**Would you like to dance?**
wudj$^e$ leikt$^e$ dänß
*würdest du mögen zu tanzen*
Darf ich Sie zum Tanz auffordern?

# Kultur & Entertainment

**wild west** weild weßt Wilder Westen

Eine andere Art von Vergnügen sind die Arenen oder historischen Forts, in denen der Wilde Westen nachgespielt wird:

**When's the next showing / performance?**
wens dhe nekß schowing / performenß
*wann'ist die nächste Vorstellung*
Wann ist die nächste Vorstellung?

| | | |
|---|---|---|
| **bronc riding** | braank reiding | Reiten von unzuge-rittenen Pferden |
| **bullfighter** | bulfeider | Stierkämpfer |
| **bull riding** | bulreiding | Bullenreiten |
| **calf roping** | käf rowping | Kälberfangen |
| **chuckwagon** | tschakwägen | Planwagen |
| **cowboy** | kauboj | Kuhhirte |
| **cowgirl** | kaugöörl | Kuhhirtin |
| **fort** | foort | Festung |
| **ghost town** | gowßt taun | Geisterstadt |
| **gold nugget** | gowld naget | Goldklumpen |
| **gun fight** | ganfeit | Schießerei |
| **mining town** | meinin taun | Minenstadt |
| **rodeo** | rowdii \| ow | Cowboy-Wettkampf |
| **ranch** | räntsch | Ranch |
| **ruins** | ruu \| ins | Ruine |
| **saloon** | ßeluun | Bar im Westen |
| **stock show** | ßtaakschow | Viehmarkt |
| **steer fight** | ßtirfeit | Jungstierkampf |
| **wash gold** | waasch gowld | Gold waschen |

**138** | hundred thirty-eight handred thöördii | ejt

# Kultur & Entertainment

Im Wilden Westen stoßen Sie natürlich auch überall auf die Native Americans ndjdiv ᵉmerikᵉns – die Indianer. Die meisten leben heute in reservations rᵉsᵉrvejschᵉns (Reservaten). Wenn Sie einem Reservat oder einem pueblo pwejblow – einer traditionellen Siedlung in New Mexico – einen Besuch abstatten wollen, sollten Sie Folgendes beachten: Machen Sie keine Fotos von Personen, ohne diese gefragt zu haben. Machen Sie nie Fotos bei Tänzen oder Zeremonien. Vergessen Sie nicht, dass dies oft spirituelle Handlungen sind! Nehmen Sie keinen Alkohol mit auf indianisches Land! Halten Sie sich an diese Regeln und bringen den Menschen dort Respekt entgegen, wird es sicherlich ein interessanter Aufenthalt. Welche interessanten Dinge man bei den Indianern auch als Souvenir kaufen kann, wurde schon im Kapitel „Shopping" vorgestellt. Sehenswert ist:

*Die bekanntesten Indianerstämme:*

Apache ᵉpätschii
Cherokee tscherᵉkii
Cheyenne schai|än
Comanche kᵉmäntschii
Hopi howpii
Iroquois irᵉkwo|i
Mohican mowhikᵉn
Navajo nävᵉhow
Pawnee paanii
Shoshone schᵉschownii
Sioux ßuu
Zuni suunii

| | | |
|---|---|---|
| **cliff dwelling** | Fels-Behausung | klif dweling |
| **grand entry** | „Großer Einzug": Beginn eines powwow mit Tänzen | grändentrii |
| **murals** | Wandmalereien | mjurᵉls |
| **petroglyph** | Felsmalerei | petrᵉglif |
| **powwow** | Zusammenkunft mehrerer Stämme im Frühling | pauwau |
| **story telling** | Geschichten erzählen | ßtooriiteling |
| **tepee** | Indianerzelt (spitz, hoch) | tiipii |
| **totem pole** | Totempfahl | towdᵉm powl |
| **tribal dance** | Stammestanz | treibᵉl dänß |
| **wigwam** | Indianerzelt (rund, flach) | wigwaam |

**hundred thirty-nine** handrᵉd ~~th~~öördiinein **139**

## Natur erleben

**Im** National Park näsch<sup>e</sup>n<sup>e</sup>l paark können Sie dies alles self-guided ßelfgeid<sup>e</sup>d (auf eigene Faust) oder mit einem Führer unternehmen:

| | | |
|---|---|---|
| böörd wook | **bird walk** | Vogelwanderung |
| bowt kruus | **boat cruise** | Bootsfahrt |
| k<sup>e</sup>nuu \| ing / kajäking | **canoeing – kayaking** | Kanu- – Kajakfahren |
| keridsh reid | **carriage ride** | Planwagen-Fahrt |
| kraaßkantrii ßkii \| ing | **cross-country skiing** | Langlaufskifahren |
| daagmasching | **dog mushing** | Hundeschlittenfahrt |
| fisching | **fishing** | Fischen |
| helißkii \| ing | **heli-skiing** | Helikopter-Skifahren |
| heiking | **hiking** | Bergwanderung |
| hoorßbäk reiding | **horseback riding** | Pferdereiten |
| handing | **hunting** | Jagd |
| eiß ßkejding | **ice-skating** | Schlittschuhlaufen |
| laav<sup>e</sup>flow trejl | **lava flow trail** | Lavastrom-Wanderung |
| maunt<sup>e</sup>niring | **mountaineering** | Bergsteigen |
| raak kleiming | **rock climbing** | Klettern |
| ßejling | **sailing** | Segeln |
| ßkuub<sup>e</sup> deiving | **scuba diving** | Tauchen |
| ßnoorkling | **snorkeling** | Schnorcheln |
| ßnowmowbiiling | **snowmobiling** | Motorschlittenfahrt |
| ßnowschuu \| ing | **snowshoeing** | Schneewandern |
| ßanbejd<del>h</del>ing | **sunbathing** | Sonnenbaden |
| ßwiming | **swimming** | schwimmen |
| waad<sup>e</sup>rßkii \| ing | **(water)skiing** | (Wasser-)Skifahren |
| windßöörfing | **(wind)surfing** | (Wind-)Surfen |
| weitwaad<sup>e</sup>r räfting | **white water rafting** | Wildwasser-Floßfahrt |
| weildleif vjuu \| ing | **wildlife viewing** | wilde Tiere beobachten |

# Natur erleben

Wenn Sie sich erkundigen wollen, wo Sie das alles machen können, einfach hier einsetzen:

### ❦ **Where can I (go) ...?**
wer känei (gow)
*wo kann ich (gehen)*
Wo kann man ...?

### ❦ **Are there ranger-led tours?**
aar ~~ther~~ rejndsh<sup>e</sup>rled turs
*sind da Parkführer-geleitete Touren*
Gibt es Touren mit einem Parkführer?

*Unter www.nps.gov finden Sie alle Nationalparks und historischen Sehenswürdigkeiten der USA.*

Dabei treffen Sie auf eine unglaubliche Vielfalt an Landschaften, Flora und Fauna. Wenn Sie sich für gewisse Naturräume interessieren:

| | | |
|---|---|---|
| **desert – prairie** | des<sup>e</sup>rt – prerii | Wüste – Prärie |
| **forest / woods** | foor<sup>e</sup>ßt / wuds | Wald |
| **lake – river** | lejk – riv<sup>e</sup>r | See – Fluss |
| **hummock** | ham<sup>e</sup>k | Sumpfwald |
| **marsh /** | maarsch / | Sumpf |
| **swamp** | ßwaamp | |
| **everglades** | ev<sup>e</sup>rglejds | Sumpfgrasland |
| **mountain** | maund<sup>e</sup>n | Berg |
| **ocean** | owsch<sup>e</sup>n | Ozean |
| **plantation** | pläntejsch<sup>e</sup>n | Plantage |
| **vineyard** | vinj<sup>e</sup>rd | Weinberg |

saltwater ßooltwaad<sup>e</sup>r
*Salzwasser*

freshwater freschwaad<sup>e</sup>r
*Süßwasser*

### ❦ **Which equipment / gear do I need to bring?**
witsch ikwipm<sup>e</sup>nt / gir duu i niid t<sup>e</sup>bring
*welche Ausrüstung tue ich brauchen zu bringen*
Was soll ich mitbringen?

*Mit gear ist eher die Kleidung gemeint, mit equipment eher das Technische.*

# Natur erleben

*Wenn Sie jagen gehen wollen, brauchen Sie eine Jagdgenehmigung (hunting permit hanting pöörmit), zum Fischen dementsprechend ein fishing permit fisching pöörmit.*

*Im mittleren Westen benötigt man gelegentlich ein permit (eine Genehmigung) von den Indianern, wenn man ihr Gebiet durchwandern möchte.*

*Ihre Exkremente sollten Sie ca. 15 cm unter der Erde eingraben!*

Abgesehen von all den Dingen, die ich Ihnen bereits im Kapitel „Übernachten – Camping" oder „Einkaufen – Kleidung" vorgestellt habe, könnten Sie dies noch brauchen:

| | | |
|---|---|---|
| **compass** | kampeß | Kompass |
| **alpine pick** | älpein pik | Berg-Pickel |
| **anchor** | änker | Anker |
| **backpack** | bäkpäk | Rucksack |
| **bait** | bejt | Köder |
| **binocular** | beinaakjeler | Fernglas |
| **fishing rod** | fischin raad | Angelrute |
| **fins** | fins | Flossen |
| **goggles** | gaagls | Schwimmbrille |
| **hook** | huk | Haken |
| **ice skates** | eiß ßkejtß | Schlittschuhe |
| **knife** | neif | Messer |
| **lifevest** | leifweßt | Schwimmweste |
| **motor** | mowder | Motor |
| **net** | net | Netz |
| **paddle** | pädl | Paddel |
| **rope** | rowp | Seil |
| **shotgun** | schaatgan | Schrotflinte |
| **shot #** | schaat namber | Schrot- / Kugelgröße |
| **snowshoes** | ßnowschuus | Schneeschuhe |
| **skies** | ßkiis | Skier |
| **surfboard** | ßöörfboord | Skier |
| **waders** | wejders | hohe Gummistiefel |
| **wetsuite** | wetßuut | Neoprenanzug |

Halten Sie sich bitte an die Instruktionen der National Parks und der rangers. Besonders beim Fischen und Jagen gilt auch:

**142** | **hundred-forty-two** handred foordiituu

# Natur erleben

**Respect private property signs!**
rißpekt preiv^et praap^erdii ßeins
*respektieren Privat Eigentum Schilder*
Respektieren Sie die Privatbesitz-Schilder!

**What did you catch / shoot / see?**
wat didj^e kätsch / schuut / ßii
*was tatest du fangen / schießen / sehen*
Was haben Sie gefangen / geschossen / gesehen?

| | | |
|---|---|---|
| **bison** | beiß^en | *Bison* |
| **black bear – grizzly** | bläk ber – grislii ber | *Schwarzbär – Grizzly* |
| **bobcat – lynx** | baabkät – linkß | *Rotluchs – Luchs* |
| **chipmunk – squirrel** | tschipmank – ßkwör^el | *Backenhörnchen – Eichh.* |
| **coyote – fox – wolf** | kajowdii – faakß – wulf | *Koyote – Fuchs – Wolf* |
| **deer – moose – reindeer** | dir – muuß – rejndir | *Hirsch – Elch – Rentier* |
| **ferret – marten – beaver** | fer^et – maart^en – biiv^er | *Frettchen – Marder–Biber* |
| **lion – panther – cougar** | lei^en – pän^th^er – kuug^er | *Löwe – Panther – Puma* |
| **porcupine – lizard** | poorkj^epein – lis^erd | *Stachelschwein – Eidechse* |
| **rabbit – hare** | räbit – her | *Kaninchen – Hase* |
| **raccoon – skunk** | räkuun – ßkank | *Waschbär – Stinktier* |
| **(rattle) snake** | (rädl) ßnejk | *(Klapper-)Schlange* |
| **bat – woodpecker** | bät – wudpek^er | *Fledermaus – Specht* |
| **condor – vulture** | kaand^er – valtsch^er | *Kondor – Geier* |
| **dove – gull – swallow** | dav – gal – ßwaalow | *Taube – Möwe – Schwalbe* |
| **duck – goose – swan** | dak – guuß – ßwaan | *Ente – Gans – Schwan* |
| **eagle – hawk – falcon** | iigl – haak – fälk^en | *Adler – Habicht – Falke* |
| **flamingo – heron** | fl^emingow – her^en | *Flamingo – Reiher* |
| **pelican – cormorant** | pelik^en – koorm^er^ent | *Pelikan – Kormoran* |
| **owl – cuckoo** | auwl – kuukuu | *Eule – Kuckuck* |
| **hummingbird – robin** | hamingböörd – raab^en | *Kolibri – Wanderdrossel* |
| **wild turkey** | weild töörkii | *wilder Truthahn* |
| **prarie chicken** | prerii tschik^en | *Präriehuhn* |

**hundred forty-three** handr^ed foordii thrii **143**

# Natur erleben

| | | |
|---|---|---|
| Barsch – Wels – Forelle | **bass – catfish – trout** | bäß – kätfisch – traut |
| Lachs – Hecht – Barsch | **salmon – pike – perch** | ßäm$^e$n – peik – pöörtsch |
| Stör – Zander | **sturgeon – walleye** | ßtöördsh$^e$n – woolei |
| Kabeljau – Heilbutt | **codfish – halibut** | kaadfisch – häl$^e$b$^e$t |
| Flunder – Schwertfisch | **flounder – swordfish** | flaund$^e$r – ßoordfisch |
| Thunfisch – Rotbarsch – Hai | **tuna – snapper – shark** | tuun$^e$ – ßnäp$^e$r – schaark |
| Seezunge – Hummer | **sole – lobster** | ßowl – laabßt$^e$r |
| Speerfisch – Pfeilhecht | **marlin – barracuda** | maarl$^e$n – bär$^e$kuud$^e$ |
| Stechrochen – Qualle | **stingray – jellyfish** | ßtingrej – dsheliifisch |
| Delphin – Orka – Wal | **dolphin – orca – whale** | daalf$^e$n – oork$^e$ – wejl |
| Seehund – Seekuh | **seal – manatee** | ßiil – män$^e$tii |
| Schildkröte | **turtle / tortoise** | töördl / toord$^e$ß |
| Frosch – Kröte | **frog – toad** | fraag – towd |
| Alligator | **(alli)gator** | (äl$^e$)gejd$^e$r |

| | | | |
|---|---|---|---|
| mammal mäm$^e$l | *Säugetier* | | |
| predator pred$^e$t$^e$r | *Raubtier* | | |
| rodent rowd$^e$nt | *Nagetier* | | |
| bird böörd | *Vogel* | | |
| raptor räpt$^e$r | *Greifvogel* | | |
| waterfowl waad$^e$rfaul | | | |
| | *Wasservogel* | | |
| reptile repteil | *Reptil* | | |
| amphibian ämfibj$^e$n | *Lurch* | | |
| fish fisch | *Fisch* | | |
| insect insekt | *Insekt* | | |
| butterfly bad$^e$rflei | | | |
| | *Schmetterling* | | |

Bei der Flora beschränke ich mich auf Oberbegriffe. Fragen Sie einfach einen Amerikaner nach dem Namen der Pflanze.

| | | |
|---|---|---|
| **bush / scrub /** | busch / ßkrab | Busch / |
| **shrub** | / schrab | Strauch |
| **cactus** | käkt$^e$ß | Kaktus |
| **tree – conifer** | trii – kaan$^e$f$^e$r | Baum – Nadelb. |
| **deciduous tree** | dißidsh$^e$w$^e$ß trii | Laubbaum |
| **palm tree** | paam trii | Palme |
| **(wild)flower** | (weild)flau$^e$r | (Wild-)Blume |
| **fruit – nut** | fruut – nat | Frucht – Nuss |
| **berry** | berii | Beere |
| **fungus /** | fangg$^e$ß / | Pilz |
| **mushroom** | maschruum | |
| **grass – moss** | gräß – maaß | Gras – Moos |
| **weed** | wiid | Unkraut |

**144** | hundred forty-four  hand$^r$$^e$d foordiifoor

# Natur erleben

**Which animal's track is this?**
witsch än<sup>e</sup>m<sup>e</sup>ls träk is ~~dh~~iß
*welches Tier'des Spur ist dies*
Von welchem Tier sind diese Spuren?

*Der Fallensteller in den Bergen nennt sich*
trapper  träp<sup>e</sup>r.

**What's the name of this animal / plant?**
watß ~~dh~~<sup>e</sup> nejm<sup>e</sup>v ~~dh~~iß än<sup>e</sup>m<sup>e</sup>l / plänt
*was'ist der Name von dies Tier / Pflanze*
Wie heißt dieses Tier / diese Pflanze?

Die schönsten Landschaften (scenic landscapes ßiinik länßkejpß) weisen dies auf:

| | | | | |
|---|---|---|---|---|
| **bay – sound** | bej – ßaund | Bucht – Sund | ash | äsch |
| **beach** | biitsch | Strand | *Asche* | |
| **canyon /** | känj<sup>e</sup>n / | Schlucht | basalt | b<sup>e</sup>ßoolt |
| **gorge** | goordsh | | *Basalt* | |
| **cave / grotto** | kejv / graadow | Höhle / Grotte | cinder | ßind<sup>e</sup>r |
| **coast – shore** | kowßt – schoor | Küste – Ufer | *Schlacke* | |
| **creek – stream** | kriik – ßtriim | Bach – Strom | coral | kaar<sup>e</sup>l |
| **coral reef** | kaar<sup>e</sup>l riif | Korallenriff | *Koralle* | |
| **fossil reef** | faaß<sup>e</sup>l riif | Fossilfelsen | flint | flint |
| **geyser** | geis<sup>e</sup>r | Geysir | *Feuerstein* | |
| **glacier** | glejsch<sup>e</sup>r | Gletscher | granite | grän<sup>e</sup>t |
| **hot spring** | haat ßpring | heiße Quellen | *Granit* | |
| **island** | eil<sup>e</sup>nd | Insel | limestone | leimßtown |
| **lagoon** | l<sup>e</sup>guun | Lagune | *Kalkstein* | |
| **plain – valley** | plejn – välii | Ebene – Tal | sandstone | ßändßtown |
| **ridge** | ridsh | Bergkamm | *Sandstein* | |
| **rock – mud** | raak – mad | Fels – Schlamm | | |
| **sand dune** | ßänd duun | Sanddüne | | |
| **volcano** | vaalkejnow | Vulkan | | |
| **waterfall** | waad<sup>e</sup>rfool | Wasserfall | | |

**hundred fourty-five** handr<sup>e</sup>d foordiifeiv **145**

## Natur erleben

### At what height is the peak?
ät wat heit is ~~dh~~e piik
*auf was Höhe ist der Gipfel*
Wie hoch ist der Gipfel?

### Is this volcano still active? ### No, it's extinct.
is ~~dh~~iß vaalkejnow ßtil äktiv    now itß ikßtinkt
*ist dieser Vulkan noch aktiv*    *nein es'ist erloschen*
Ist der Vulkan noch aktiv?    Nein, nicht mehr.

### When was the last eruption?
wen wes ~~dh~~e läßt irapschen
*wann war der letzte Ausbruch*
Wann war der letzte Ausbruch?

### Is it ok to swim here?
isit owkejde ßwim hir
*ist es okay zu schwimmen hier*
Kann man hier schwimmen?

Achten Sie auf Schilder mit folgenden Aufschriften:

### No swimming!    ### No diving!
now ßwiming    now deiving
*kein schwimmend*    *kein tauchend*
Schwimmen verboten!    Springen verboten!

### Private property!    ### Don't enter!
preivet praaperdii    down enter
*privat Eigentum*    *tu'nicht eintreten*
Privates Anwesen!    Betreten verboten!

# Apotheke & Notfall

## Apotheke & Notfall

Ist Ihre Reiseapotheke für Ihre Abenteuer richtig ausgestattet? Bevor Sie sich auf größere Touren begegeben, sollten Sie in einem Drogeriemarkt (drugstore dragßtoor) die fehlenden Sachen kaufen.

| | | |
|---|---|---|
| **antibiotics** | änteibei \| aadikß | Antibiotika |
| **antiseptic** | ändeßeptik | Antiseptikum |
| **band-aid** | bändejd | Pflaster |
| **bandage** | bändidsh | Verband |
| **blister pad** | bilßter päd | Blasenpflaster |
| **bug repellent** | bag ripelent | Insektenspray |
| **compress** | kempreß | Kompresse |
| **cotton balls** | kaaten bools | Watte |
| **cough drops** | kaafdraapß | Hustenpastillen |
| **burn ointment** | böörn ojntment | Brandsalbe |
| **eye drops** | eidraapß | Augentropfen |
| **first-aid kit** | föörßtejd kit | Erste-Hilfe-Kasten |
| **insulin** | intßelin | Insulin |
| **lozenges** | laasendshes | Lutschtablette |
| **laxative** | läkßediv | Abführmittel |
| **pain killer** | pejn kiler | Schmerztablette |
| **Q-tip** | kjuutip | Wattestäbchen |
| **salt tablets** | ßoolt täbletß | Salztabletten |
| **suntan lotion** | ßantän lowschen | Sonnenmilch |
| **thermometer** | thöörmaameder | Thermometer |
| **tranquilizer** | tränkweleiser | Schlaftablette |
| **tweezer** | twiiser | Pinzette |
| **wet towels** | wet tauels | Feuchttücher |

*Im drugstore bekommen Sie auch verschreibungspflichtige Medikamente. Dafür gibt es eine gesonderte Verkaufstheke mit ausgebildeten Apothekern. Aspirin und Vitaminpillen gibt es wiederum in den Supermarktregalen für einen Spottpreis im Hunderterpack zu kaufen – auch ein gutes Mitbringsel aus Amerika!*

SPF
(sun protection factor)
*Sonnenschutzfaktor*

**hundred forty-seven** handred foordiißeven **147**

# Apotheke & Notfall

## at the doctor  ät dhe daakter  beim Arzt

dentist  denteßt
*Zahnarzt*

hospital  haaßpidel
*Krankenhaus*

eye doctor  eidaakter
*Augenarzt*

Da es viele Körperteile gibt, sagen Sie einfach immer „it hurts here it höörtß hir" und zeigen auf das schmerzende Körperteil. Manches müssen Sie dennoch genauer sagen können:

**I have / had ...**          👤 **I'm ...**
ei häv / häd              eim
*ich habe / hatte*          *ich'bin*
Ich habe / musste ... Ich bin ...

| | | |
|---|---|---|
| bees  biis  *Bienen* | **allergic to** | elöördshik tuu | allergisch gegen |
| aspirin  äßpren  *Aspirin* | **asthma** | äsme | Asthma |
| penicillin  peneßilen  *Penizillin* | **a cold** | ekowld | eine Erkältung |
| | **a cut** | ekat | eine Schnittwunde |
| | 👤 **diabetic** | deiebedik | Diabetiker |
| | **diarrhea** | deieriie | Durchfall |
| | **epileptic** | epeleptik | Epileptiker |
| | **feel ill** | fiil il | sich krank fühlen |
| | **fever** | fiiver | Fieber |
| | **frostbite** | fraaßtbeit | Erfrierung |
| | **a headache** | ehedejk | Kopfschmerzen |
| | **HIV positive** | ejtscheivii paasediv | HIV-positiv |
| | **a pacemaker** | epejsmejker | Herzschrittmacher |
| | **pregnant** | pregnent | schwanger |
| | **a rash** | eräsch | Ausschlag |
| | **a sore throat** | eßoor throwt | Halsschmerzen |
| | **sunburn** | ßanböörn | Sonnenbrand |
| | **to throw up** | tuu throw \| ap | sich erbrechen |
| | **toothache** | tuuthejk | Zahnschmerzen |
| | **a wound** | ewuund | eine Wunde |

**148** | hundred forty-eight  handred foordii | ejt

# Apotheke & Notfall

**🟣 I got bitten / stung by a dog / bee.**
ei gaat bit͏ᵉn / ßtang bei ᵉdaag / bii
*ich wurde gebissen / gestochen bei ein Hund / Biene*
Ich wurde von einem Hund gebissen / einer Biene gestochen.

snake ßnejk *Schlange*
tick tik *Zecke*
wasp waaßp *Wespe*
ant änt *Ameise*
mosquito mᵉßkiidow *Mücke*

Ebenso wichtig ist es, halbwegs zu verstehen, was der Arzt sagt:

**🟣 Take your ... off, please.**
täjk jᵉr ... aaf pliis
*nehme dein ... ab bitte*
Bitte ziehen Sie ... aus.

**🟣 Breathe deeply.**           **🟣 Hold your breath.**
briidh diiplii                    howld jᵉr breth
*atmen tief*                      *halte dein Atem*
Tief einatmen.                    Halten Sie den Atem.

**🟣 Open your mouth.**          **🟣 Cough, please.**
owpᵉn jᵉr mauth                  kaaf pliis
*öffnen dein Mund*               *husten bitte*
Öffnen Sie den Mund.             Bitte mal husten.

**🟣 I'll fill / pull the tooth.**
eil fil / pul dhᵉ tuuth
*ich'werde füllen / ziehen der Zahn*
Ich werde den Zahn füllen / ziehen.

**🟣 We'll have to X-ray this.**
wil hävtᵉ ekßrej dhiß
*wir'werden haben zu röntgen dieses*
Wir müssen das mal röntgen.

**hundred forty-nine** handrᵉd foordiinein | **149**

# Apotheke & Notfall

**It's broken / sprained.**
itß browke̱n / ßprejnd
*es ist gebrochen / verstaucht*
Es ist gebrochen / verstaucht.

**It's a pulled muscle / a torn ligament.**
itße puld maßl / e̱toorn lige̱me̱nt
*es ist eine gezogen Muskel / eine gerissen Sehne*
Es ist eine Zerrung / ein Bänderriss.

**When did it start?**
wen didit ßtaart
*wann tat es anfangen*
Wann hat es angefangen?

**Any nausea or vomiting?**
enii naasie̱ oor vaame̱ding
*irgendein Übelkeit oder Erbrechen*
Übelkeit oder Erbrechen?

**Any accompanying abdominal pain?**
enii e̱kampenii | ing äbdaame̱ne̱l pejn
*irgendein begleitender Bauch Schmerz*
Auch Bauchschmerzen?

Wenn es ganz schlimm kommt, werden Sie wohl ins Krankenhaus gebracht, und zwar womöglich mit den Worten:

**You'll have to have surgery.**
jul hävte̱ häv ßöördshe̱rii
*du'wirst haben zu haben chirurgische Behandlung*
Sie müssen operiert werden.

## Geld, Post & Telefon

# Geld, Post & Telefon

In den USA verwenden Sie am besten immer Ihre Kreditkarte (credit card *kredit kaard*). Ohne geht's sowieso nicht. Sie sollten nur wissen, dass Sie pro Tag nur $1000 von einer Karte abheben können, es sei denn, Sie haben mit Ihrem Kreditkarteninstitut etwas anderes vereinbart. Wenn Sie bar zahlen, sollten Sie die Münzen (coins *kojns*) und Banknoten (bills *bils*) beim Namen kennen:

*Seit 1999 wurde je ein quarter jährlich von fünf Bundesstaaten der USA neu gestaltet; mit einer Berühmtheit aus dem Bundesstaat auf der einen Seite, und einem Bundessymbol auf der anderen.*

| | | |
|---|---|---|
| **a penny** | penii | 1-Cent-Münze, kupfern |
| **a nickel** | nikl | 5-Cent-Münze, silbern |
| **a dime** | deim | 10-Cent-Münze, silbern |
| **a quarter** | kwoord<sup>e</sup>r | 25-Cent-Münze, silbern |
| **half dollar** | häf daal<sup>e</sup>r | 50-Cent-Münze, silbern |

Alle Scheine haben die gleiche Größe und die gleiche Farbe, nämlich grün und cremefarben. Ein dollar *daal<sup>e</sup>r* teilt sich auf in 100 cents *ßentß*. Es gibt Scheine zu $1, $2, $5, $20, $50 und $100.

Wer Reiseschecks (traveler's checks *träkl<sup>e</sup>rs tschekß*) bei sich hat, kann diese natürlich am Flughafen, in einer Bank (bank *bänk*) oder im Hotel einlösen.

🔊 **I'd like to cash this check.**
eid leikt<sup>e</sup> käsch ~~dhiß~~ tschek
*ich'würde mögen zu einlösen diesen Scheck*
Ich würde gerne den Scheck einlösen.

**hundred fifty-one** *handr<sup>e</sup>d fiftiiwan* **151**

# Geld, Post & Telefon

### 🔊 May I see your ID / passport, please?
mej | ei ßii j<sup>e</sup>r eidii / päßpoort pliis
*darf ich sehen dein Ausweis / Reisepass bitte*
Darf ich bitte Ihren Ausweis / Pass sehen?

### 🔊 What's the exchange rate?
watß ~~dhi~~ ikßtschejndsh rejt
*was'ist die Austausch Rate*
Wie ist der Wechselkurs?

## post office  powßt aafiß  Post

Wenn Sie nicht wollen, dass Ihr Brief (letter le-
d<sup>e</sup>r) oder Postkarte (postcard powßtkaard) nach
Europa im Schneckentempo versandt werden,
schreiben Sie immer airmail ermejl (Luftpost)
darauf. Jetzt nur noch zum Schalter bringen:

### 🔊 I need stamps for these letters.
ein niid ßtämpß f<sup>e</sup>r ~~dh~~iis led<sup>e</sup>rs
*ich brauche Briefmarken für diese Briefe*
Ich brauche Briefmarken für diese Briefe.

### 🔊 I'd like to mail this package.
eid leikt<sup>e</sup> mejl ~~dh~~iß päkidsh
*ich'würde mögen zu versenden dies Paket*
Ich würde gern dieses Päckchen verschicken.

### Can I send a fax from here too?
känei ßend<sup>e</sup> fäkß fraam hir tuu
*kann ich schicken ein Fax von hier auch*
Kann ich von hier auch ein Fax schicken?

# Geld, Post & Telefon

## phone call  fown kool  Telefongespräch

Wenn Sie Ihr Geld nicht für die Rechnung Ihres Handys (cell phone ßel fown) ausgeben wollen und auch die Hotelraten zu teuer finden, dann suchen Sie sich am besten eine Telefonzelle (phone booth fown buuth). Dazu brauchen Sie viel Kleingeld (change tschejndsh) oder die passende Kreditkarte.

*Die Vorwahlen:*

Germany
dshöörmᵉnii
*Deutschland: 01149*

Austria
aaßtriᵉ
*Österreich: 01143*

Switzerland
ßwitßᵉrlᵉnd
*Schweiz: 01141*

### How much do you charge for a call to …
hau matsch djᵉ tschaardsh fᵉr ᵉkool tuu
*wie viel tust du aufladen für ein Anruf nach*
Wie viel kostet ein Gespräch nach …

Wenn es Ihnen lieber ist, dass der Angerufene die Rechnung bezahlt, können Sie ein R-Gespräch anmelden:

### I'd like to make a collect call.
eid leiktᵉ mejk ᵉkᵉlekt kool
*ich'würde mögen zu machen ein Sammel Anruf*
Ich würde gern ein R-Gespräch anmelden.

## E-Mail  iimejl  e-mail

Wenn Sie keinen Laptop haben, den Sie im Hotel benutzen können, brauchen Sie:

### Where's the closest e-mail café?
wers ~~dh~~ᵉ klowßeßt iimejl käfej
*wo'ist das naheste E-Mail Café*
Wo ist das nächste Internet-Café?

**hundred fifty-three** handrᵉd fiftiithrii **153**

# Polizei

## Polizei

*Mit einem Smartphone können Sie sich die mit einem 🔊 gekennzeichneten Sätze dieses Kapitels anhören.*

**F**alls etwas schief laufen sollte, gehen Sie am besten zur Polizeiwache (police station p<sup>e</sup>liiß ßtej-sch<sup>e</sup>n) oder zu der konsularischen Vertretung Ihres Landes (embassy emb<sup>e</sup>ßii).

🔊 **My wallet / purse was stolen.**
mei waal<sup>e</sup>t / pöörß w<sup>e</sup>s ßtowl<sup>e</sup>n
*meine Brieftasche / Handtasche war gestohlen*
Meine Brieftasche / Handtasche ist gestohlen worden.

🔊 **My car was broken into.**
mei kaar w<sup>e</sup>s browk<sup>e</sup>n intuu
*mein Auto war gebrochen hinein*
Es wurde in mein Auto eingebrochen.

Vielleicht werden Sie aber auch von der Autobahnpolizei (highway patrol heiwej p<sup>e</sup>trowl) wegen überhöhter Geschwindigkeit (speeding ßpiiding) angehalten:

🔊 **May I see your driver's license, please?**
mäj | ei ßii j<sup>e</sup>r dreiv<sup>e</sup>rs leiß<sup>e</sup>ntß pliis
*darf ich sehen dein Fahrer'des Führerschein bitte*
Darf ich bitte Ihren Führerschein sehen?

🔊 **This license has expired / is invalid.**
~~dhi~~ß leiß<sup>e</sup>ntß häs ikßpei<sup>e</sup>rd / is invälid
*dieser Führerschein war abgelaufen / ist ungültig*
Dieser Führerschein ist abgelaufen / ungültig.

**154** | **hundred fifty-four** handr<sup>e</sup>d fiftiifoor

# Literaturempfehlungen

## Literatur

**American Accent Training**, Barrons Educational Series, USA 2000, 210 S., ISBN: 0764173693. Wenn Sie Ihre amerikanische Aussprache noch weiter perfektionieren möchten.
**Slanguage**, Hyperion, USA 2000, 304 S., ISBN: 0786885203. Witziges kleines Buch über amerikanischen Slang.
**Amerikanisch ohne Mühe**
ISBN: 3-89625-005-1
Grundkurs für Anfänger + Wiedereinsteiger
Auch als Multimedia-Kombination mit Tonaufnahmen (Kassetten oder Audio-CDs) und / oder CD-ROM erhältlich.
Assimil GmbH, Hinter dem Hagen 1, D-52388 Nörvenich
**The American Heritage Dictionary of the English Language**, Houghton Mifflin Company, USA 2000. Ein gutes Wörterbuch für amerikanisches Englisch etymologischen Angaben.

*All diese Publikationen sind z. T. rein englischsprachig und nicht über den Reise Know-How Verlag erhältlich.*

## Internet

**www.bartleby.com/61** — Ein nützliches Online-Nachschlagewerk. Hier finden Sie auch **The American Heritage Dictionary of the English Language** online mit über 90.000 Einträgen inklusive Audio-Datei mit der Aussprache und Notizen zur Etymologie.

**nhd.heinle.com** — Noch ein gutes Online-Nachschlagwerk mit über 40.000 Einträgen.

**hundred fifty-five** handrᵉd fiftiifeiv

# Wörterliste Deutsch – Amerikanisch

*Hinter unregelmäßigen Tätigkeitswörtern * ist immer die Vergangenheitsform und die Form der vollendeten Gegenwart angegeben; steht nur eine Form in Klammern sind Vergangenheit und vollendete Gegenwart identisch. Die Lautänderungen von -y zu -ied oder -id werden nicht extra aufgeführt.
In der Wortliste Amerikanisch – Deutsch sind die unregelmäßigen Tätigkeitswörter alphabetisch einsortiert. Bei Hauptwörtern steht die unregelmäßige Mehrzahlform in Klammern.
Auch hier werden die Lautänderungen von -y nach -ies nicht extra aufgeführt.*

## A

**Abend** evening
**aber** but
**abfliegen** take-off\* *(took, taken~)*
**abreisen** leave\* *(left)*
**absagen** cancel
**abschleppen** tow a car
**Abtreibung** abortion
**Adresse** address
**ähnlich** similar to
**Alkohol** alcohol
**alle** all
**allein** alone
**alles** everything; all
**als** than *Vergl.*; when *zeitl.*
**alt** old
**Alter** age
**Alternative** choice
**anfangen** begin\* *(began, begun)*
**Angestellte(r)** employee
**Angst** fear
**anhalten** stop
**ankommen** arrive
**Ankunft** arrival
**annehmen** accept
**anrufen** call
**anstecken** infect
**Antwort** answer
**antworten** answer
**Anwalt** attorney
**Apartment** apartment
**Apotheke** drugstore
**arbeiten** work
**Arbeitgeber** employer
**argumetieren** argue
**arm** poor
**Art** kind; type
**Arzt** doctor
**auch** also; too
**auf** on *örtl.*; open *offen*

**Aufenthalt** stay
**aufhören** stop
**aufstehen** get up\* *(got; gotten~)*
**aufwachen** wake up\* *(woke; woken~)*
**Aufzug** elevator
**aus** from *örtl.*
**Ausfahrt** exit
**ausfüllen** fill in
**Ausgang** exit
**Auskunft** information
**Ausländer** foreigner
**ausländisch** foreign
**aussehen** look
**Aussicht** view
**Aussprache** pronunciation
**aussteigen** get off\* *(got; gotten~) Bus*
**Ausstellung** exhibition
**Ausweis** identity card (ID)
**ausziehen** take off your/my/ ... clothes\* *(took, taken )*
**Auto** car
**Autobahn** highway
**Autowerkstatt** repair shop

## B

**baden** take a bath\* *(took; taken~)*
**Badewanne** bathtub
**Badezimmer** bathroom
**Bahnhof** train station
**Bahnsteig** platform
**bald** soon
**Bank** bank *Geld*
**Bargeld** cash
**Batterie** batery
**bauen** build\* *(built)*
**Bauer** farmer
**Baum** tree
**beeilen** hurry (up)

**156** hundred fifty-six  handr<sup>e</sup>d fiftiißikß

# Wörterliste Deutsch – Amerikanisch

**beenden** finish
**begleiten** accompany
**behalten** keep* *(kept)*
**behandeln** treat *Krankh.*
**bei** at
**Beispiel** example
**bekannt** familiar *kennen*;
well-known *berühmt*
**beliebt** popular
**benachrichtigen** inform
**Benzin** gas
**bequem** comfortable
**Berg** mountain
**Beruf** profession
**berühmt** famous
**beschreiben** describe
**Beschreibung** description
**beschweren** complain
**besichtigen** visit
**Besitzer** owner
**besser** better
**bestellen** order
**Bestellung** order
**bestrafen** punish
**Besuch** visitor
**besuchen** visit
**betrinken** drink* *(drank, drunk)*
**Bett** bed
**Bevölkerung** population
**bevor** before
**bewusstlos** unconscious
**bezahlen** pay
**Bild** painting; picture
**billig** cheap
**Binde** sanitary napkin
**bis** until; to
**bisschen, ein** a little (bit)
**Bitte** favor
**bitten** ask for
**Blatt** leaf *Baum*; sheet *Papier*
**bleiben** stay

**Blitz** flash
**Blume** flower
**Boden** ground *Erde*; floor
**Boot** boat; ship
**Botschaft** embassy
**Brand** fire
**Brauch** custom
**brauchen** need
**brechen** break* *(broke, broken)*
**breit** wide
**brennen** burn
**Brief** letter
**Briefmarke** stamp
**Briefumschlag** envelope
**Brille** glasses *Mz.*
**bringen** bring* *(brought)*
**Brot** bread
**Brücke** bridge
**Bruder** brother
**Brust** breast; chest
**Buch** book
**buchen** book
**Buchstabe** letter
**buchstabieren** spell
**bunt** colored
**Bürgersteig** sidewalk
**Büro** office
**Bus** bus

## C

**Café** coffee shop
**Chef** boss

## D

**da** there *dort*; since *weil*
**Dach** roof
**damit** in order to
**danach** afterwards
**danke** thanks; thank you
**danken** thank

**dann** then
**darum** therefore
**dass** that
**Datum** date
**dauern** take* *(took, taken)*
**Daunendecke** comforter
**Decke** blanket
**denken** think* *(thought)*
**Denkmal** memorial
**deshalb** therefore
**Deutsch(e,r)** German
**Deutschland** Germany
**Dialekt** dialect
**dick** thick *Ding*
**Diebstahl** theft
**Ding** thing
**direkt** straight
**Dokument** document
**Dolmetscher** translator
**doppel** double
**Dorf** village
**dort** there
**Dose** can
**dringend** urgent
**Droge** drug
**drücken** push
**dumm** stupid
**dunkel** dark
**dünn** thin *Ding*
**durch** by *kausal*; through;
thru *hindurch*
**Durchfall** diarrhea
**dürfen** may; allowed to
**durstig** thirsty
**Dusche** shower

## E

**echt** real; really?
**Ehefrau** wife
**Ehemann** husband
**Ehepaar** couple
**Eigentum** property

# Wörterliste Deutsch – Amerikanisch

**einander** one another
**Einbahnstraße** dead end
**Eindruck** impression
**einfach** easy; simply *Adv.*
**Eingang** entrance
**einige** a few; a bunch; a couple; some
**Einkaufswagen** cart
**Einkommen** income
**einladen** invite
**Einladung** invitation
**einmal** once
**einsteigen** get in* (got; gotten~)
**eintreten** go in* (went~)
**einverstanden** ok
**Einwohner** inhabitants
**Eis** ice
**Eisenbahn** train
**Eiter** pus
**Eltern** parents
**empfangen** get* (got; gotten)
**empfehlen** recommend
**Ende** end
**eng** narrow
**Englisch** english
**Enkel(in)** grandchild (grandchildren)
**Entfernung** distance
**entscheiden** decide
**entschuldigen** apologize
**Entschuldigung** excuse me
**Erde** earth
**Ereignis** event
**Erfolg** success
**erhalten** keep* (kept)
**erhältlich** available
**erinnern** remember
**erkältet sein** have a cold* (had~)
**erklären** explain
**erlauben** allow

**Erlaubnis** permit
**Ermäßigung** discount
**erwarten** expect
**erzählen** tell* (told)
**essen** eat* (ate, eaten)
**etwa** about
**etwas** a few; a little; some *Mengen*; something *irgendetwas*

## F

**Faden** thread
**Fähre** ferry
**fahren** drive *4-Rad*; ride *2-Rad*
**Fahrkarte** ticket
**Fahrplan** schedule
**Fahrpreis** fare
**Fahrrad** bike; bicycle
**Fahrzeug** car; vehicle
**fallen** fall* (fell, fallen)
**falsch** wrong
**Familie** family
**Familienname** last name
**Farbe** color
**Farbfilm** color print film
**fast** almost
**faul** rotten *Obst*; lazy *träge*
**Fehler** mistake
**feiern** celebrate
**Feiertag** holiday
**Feld** field
**Fenster** window
**Ferien** vacation
**Fernsehgerät** TV
**fertig** ready
**fest** firm; hard
**Fest** party
**feucht** moist
**Feuer** fire
**Feuerwehr** fire department
**Fieber** fever

**Film** film
**finden** find* (found)
**Finger** finger
**Firma** company
**flach** flat
**Flasche** bottle
**Fleck** stain
**fliegen** fly* (flew)
**flirten** flirt
**Flug** flight
**Flughafen** airport
**Flugticket** ticket
**Flugzeug** plane
**Fluss** river
**Formular** form
**Foto** picture
**Fotoapparat** camera
**fotografieren** take pictures* (took, taken~)
**Frage** question
**fragen** ask
**Frau** woman; women *Mz. Anrede:* Mrs. *verheiratet;* Ms. *neutral*
**Fräulein** Miss
**frei** free
**fremd** unknown; strange
**freuen** be glad* (was, been~)
**Freund(in)** friend; *Liebe:* boyfriend *m.;* girlfriend *w.*
**freundlich** friendly
**Freundschaft** friendship
**Frieden** peace
**frieren** freeze* (froze, frozen)
**frisch** fresh
**froh** glad; happy
**früh** early
**Frühling** spring
**Frühstück** breakfast
**frühstücken** have breakfast* (had~)

**158** hundred fifty-eight handrᵉd fiftii | ejt

# Wörterliste Deutsch – Amerikanisch

**fühlen** feel* *(felt)*
**Führer** guide; ranger
**Führerschein** driver's license
**Führung** guided tour
**für** for
**furchtbar** aweful
**fürchten** afraid (of)
**Fuß** foot; feet *Mz.*
**Fußball** soccer

## G

**Gabel** fork
**Galerie** gallery
**Gang** aisle *Flugzeug*
**ganz** all; entire *Stück*
**Garten** garden
**Gas** gas
**Gast** guest
**Gastgeber** host
**Gaststätte** pub
**Gebäude** building
**geben** give* *(gave, given)*
**Gebirge** mountain range
**Gebühr** fee
**Geburtstag** birthday
**gefährlich** dangerous
**gefallen** like
**Gefängnis** jail
**Gefäß** container
**Gefühl** feeling
**gegen** against *etw./jmd.*;
  around *ungefähr*
**Gegend** area; region
**gegenüber von** across
  from; opposite from
**gehen** go* *(went, gone)*;
  walk
**Geld** money
**Geldautomat** ATM
**Gelegenheit** chance
**Gemüse** vegetables
**gemütlich** comfortable

**genau** precisely; just *Adv.*
  right *jawohl*
**genug** enough
**geöffnet** open
**Gepäck** baggage
**geradeaus** straight ahead
**gern** like to
**Geruch** smell
**Geschäft** shop; store
  *Laden*; business
**Geschenk** present
**Geschichte** story
  *Erzählung*; history *hist.*
**geschlossen** closed
**Geschmack** flavor
**Gesellschaft** society
**Gesetz** law
**Gesicht** face
**Gespräch** conversation
**gestern** yesterday
**gesund** healthy
**Gesundheit** health
**Gewicht** weight
**Gewitter** lightening
**gewöhnen** get used to*
  *(got, gotten)*
**Gewürz** spice; seasoning
**Gift** poison
**Glas** glass
**glauben** believe
**Glück** luck
**glücklich** happy
**Gold** gold
**Gott** god
**Grammatik** grammar
**Gras** gras
**gratulieren** congratulate
**Grenze** border
**Grippe** flu
**groß** big *breit*; large *lang*;
  tall *hoch*
**Größe** size
**Großmutter** grandmother

**Großvater** grandfather
**Grund** reason
**Gruppe** group
**gültig** valid
**gut** good; well *Adv.*

## H

**Haarspray** hair spray
**haben** have* *(had)*
**Hafen** harbor; port
**Hälfte** half
**halten** stop *anhalten*;
  hold *(held)* *festhalten*
**Haltestelle** bus stop
**Handel** trade
**handeln** bargain
**hart** hard; strong *stark*
**hässlich** ugly
**Haupt-** main
**Haus** house
**heben** lift up* *(lift~)*
**heilen** cure; heal
**heiraten** marry
**heiß** hot
**helfen** help
**hell** bright *leuchtend*; light
  *nicht dunkel*
**her** ago
**Herbst** fall
**Herr** man; *Anrede:* Mr.
**heute** today
**hier** here
**Hilfe** help
**hinten** back
**hinter** behind
**Hintern** ass; fanny
**hoch** high; tall *lang*
**Hochzeit** wedding
**hoffen** hope
**höflich** polite
**Höhe** height
**holen** get* *(got, gotten)*

**hundred fifty-nine** hand<sup>red</sup> fiftiinein **159**

# Wörterliste Deutsch – Amerikanisch

**Holz** wood
**homosexuell** queer
**hören** hear* *(heard)*
**Hotel** hotel
**Hügel** hill
**hungrig** hungry
**Hygiene** cleanliness

### I

**immer** always
**Impfung** vaccination
**in** in; on
**Industrie** industry
**Information** information
**informieren** inform
**Innenstadt** downtown
**Insekt** bug; insect
**Insel** island
**interessant** interesting
**interessieren** be*
  interested *(was/were, been)*
**international** international

### J

**Jahr** year
**Jahreszeit** season
**jährlich** annual
**jeder** each; everybody
**jedesmal** everytime
**jemand** somebody; anyone
**jetzt** now
**Journalist** journalist
**Jugendlicher** teenager
**jung** young
**Junge** boy

### K

**kalt** cold
**kaputt** broken
**Karte** map

**Kasse** cashier
**katholisch** catholic
**kauen** chew
**kaufen** buy* *(bought)*
**kennen** know* *(knew, known)*
**Kind** child; children *Mz.*
**Kinderwagen** buggy; baby carriage
**Kino** movie theater; movies
**Kiosk** booth
**Kirche** church
**Klasse** grade
**Klebeband** adhesive tape
**klein** little *kurz;* small
**Klima** climate
**klug** intelligent; smart
**Kneipe** bar
**kochen** cook
**Koffer** bag; suitcase
**kommen** come
**kompliziert** complicated
**Kondom** condom; rubber
**können** be able* *(was/ were, been˜)*; can* *(could)*
**Konsulat** consulate
**kontrollieren** control
**Konzert** concert
**korrigieren** correct
**kosten** cost
**kostenlos** (for) free
**krank** ill; sick
**Krankenhaus** hospital
**Krankheit** illness; disease
**Kreditkarte** credit card
**kühl** cool
**Kühlschrank** refrigerator
**Kunst** art
**künstlich** artificial; fake
**kurz** short
**küssen** kiss
**Küste** coast; shore

### L

**lächeln** smile
**lachen** laugh
**Lage** position
**Lampe** lamp
**Land** country
**Landschaft** landscape
**Landwirtschaft** agriculture
**lang** long
**langsam** slow
**langweilig** boring
**lassen** let* *(let)*
**laufen** run* *(ran)*; walk
**laut** loud; noisy
**Leben** life
**leben** live
**Lebensmittel** groceries
**ledig** single
**leer** empty
**legen** lay
**Lehrer(in)** teacher
**leicht** easy *einfach;* light *nicht schwer*
**leihen** borrow
**lernen** learn
**lesbisch** lesbian
**lesen** read* *(read)*
**letzte** last
**Leute** people
**Licht** light
**lieben** love
**Lied** song
**Lieferung** delivery
**liegen** lay
**links** left
**LKW** truck
**Loch** hole
**Löffel** spoon
**Lohn** wage

**160** | **hundred sixty** handᵊd ßikßtii

# Wörterliste Deutsch – Amerikanisch

## M

**machen** make* *(made)*
**Mädchen** girl
**Mal** time
**malen** paint
**man** one; you
**manchmal** sometimes
**Mann** husband *Ehe-*; man; men *Mz.*
**Markt** market
**Medikament** medicin
**Meer** ocean
**mehr** more
**Meinung** opinion
**meist** mostly
**Menge** amount; quantity
**merken** memorize *sich*; notice
**Messer** knife
**mieten** rent
**Minute** minute
**mit** with
**Mitglied** member
**mitmachen** join
**Mittag** lunchtime; noon
**Mitte** middle
**Mode** fashion
**modern** modern
**möglich** possible
**Monat** month
**Morgen** morning; a.m.
**morgen** tomorrow
**Motor** motor
**Motorhaube** hood
**Motorrad** motorbike
**müde** tired
**Müll** garbage; trash
**Mülleimer** trash can
**Museum** museum
**Musik** music
**müssen** have to* *(had~)*; must

**Mutter** mother

## N

**nach** to *örtl.*; past *zeitl.*
**Nachmittag** afternoon; p.m.
**Nachricht** message
**nächste** next
**Nacht** night
**Nachtisch** dessert
**nackt** nude
**Nadel** needle
**Nagellack** nail polish
**Nagellackentferner** nail polish remover
**nah** close; near
**Name** name
**nass** wet
**Natur** nature
**natürlich** natural; of course *auf jeden Fall*
**neben** next to
**nehmen** take* *(took, taken)*
**neu** new
**neugierig** curious
**nicht** not
**nichts** nothing
**niedrig** low
**nie** never
**niemand** nobody
**nirgendwo/-hin** nowhere
**noch** still *immer*; yet *nicht*
**nochmal** again
**Norden** north
**normal** normal
**Notfall** emergency
**notwendig** necessary
**Nummer** number
**nur** only; simply
**nützlich** useful

## O

**ob** if
**oben** up; upstairs
**obwohl** although
**oder** or
**öffnen** open
**oft** often
**ohne** without
**Öl** oil
**Onkel** uncle
**Opfer** victim
**Organ** organ
**organisieren** organize
**Ort** place
**Osten** east
**Österreich** Austria
**Österreicher(in)** Austrian

## P

**Paar** couple
**paar** a couple; a few; a pair
**Päckchen** pack; packet
**Paket** package
**Panne** break down
**Papier** paper
**Park** park
**parken** park
**Parkplatz** parking (lot)
**Pass** passport
**passen** fit
**passieren** happen
**Patient** patient
**Pause** break
**peinlich** embarrassing
**Person** person
**Pflanze** plant
**Plan** plan
**Platz** place; space *Raum*; square *Ort*
**plötzlich** sudden; suddenly
**Politik** politics *Mz.*

hundred sixty-one  handr<sup>e</sup>d ßikßtiiwan  **161**

# Wörterliste Deutsch – Amerikanisch

**Polizei** police
**Post** mail
**Postamt** post office
**Postkarte** postcard
**Postleitzahl** zip code
**Preis** price
**privat** private
**Problem** problem
**Programm** program
**pünktlich** on time

**Qualität** quality

**Radiergummi** eraser
**Radiogerät** radio
**Rahmen** frame
**Rat** advice
**rauchen** smoke
**Raum** room
**rechnen** count
**Rechnung** check
**Recht** law *Gesetz*; right
**rechts** right
**Rechtsanwalt** attorney
**reden** talk
**Regen** rain
**Regenschirm** umbrella
**regional** local
**registrieren** register
**reich** rich
**reif** ripe
**Reifen** tire
**Reise** journey; trip
**Reisebüro** travel agent
**reisen** travel
**reparieren** repare
**reservieren** make a reservation* *(made~)*
**Restaurant** restaurant

**Rettungswagen** ambulance
**richtig** right
**Richtung** direction
**riechen** smell
**riesig** enormous; giant
**roh** raw; uncooked
**Rückfahrt** return trip
**Rucksack** backpack
**rückständig** backward
**rufen** call; yell *schreien*
**Ruhe** rest

**Sache** thing
**sagen** say
**Salbe** ointment
**Salz** salt
**sammeln** collect
**Sand** sand
**satt** full; stuffed
**Satz** sentence
**sauber** clean
**säubern** clean
**sauer** sour
**Schallplatte** record
**scharf** hot; spicy
**Scheck** check
**Schein** bill
**scheinen** seem *als ob*; shine *Sonne*
**Schere** scissors *Mz.*
**schicken** send* *(sent)*
**schießen** shoot* *(shot)*
**Schiff** ship; boat
**schlafen** sleep* *(slept)*
**Schlafsack** sleeping bag
**Schlafzimmer** bedroom
**schlagen** hit* *(hit)*
**Schlange stehen** line up
**schlecht** bad; gone off *faul*
**Schließfach** deposit; safe
**Schlüssel** key

**schmackhaft** tasty; yummy
**schmal** narrow
**Schmerz** pain
**schmerzen** hurt* *(hurt)*
**Schmuck** jewelry
**schmutzig** dirty; filthy
**schnell** fast; quick; express
**schon** already; yet
**schön** beautiful; nice
**Schrank** closet; cupboard
**Schraubenschlüssel** wrench
**schreiben** write* *(wrote)*
**schuldig** guilty
**Schule** school
**Schüler(in)** student
**schwach** weak
**schwanger** pregnant
**Schweiz** Switzerland
**Schweizer(in)** Swiss
**schwer** heavy *Gewicht*; difficult *schwierig*
**Schwester** sister
**schwierig** difficult
**schwimmen** swim* *(swam)*
**schwitzen** sweat* *(sweat)*
**schwul** gay
**See** lake
**sehen** see* *(saw, seen)*
**Sehenswürdigkeiten** places of interest
**sehr** very; a lot
**Seide** silk
**Seife** soap
**Seil** rope
**sein** be* *(was/were; been)*
**seit** since
**Seite** side
**Sekunde** second
**selten** rarely; seldom
**Serviette** napkin
**setzen, sich** sit down* *(sat)*
**sicher** sure; surely *Adv.*

# Wörterliste Deutsch – Amerikanisch

**Sicherheit** safety
**Silber** silver
**singen** sing* *(sang)*
**sitzen** sit *Po*; fit* *(sang) Kleidung*
**Ski** ski
**so** so
**sofort** immediately; now
**sogar** even
**Sohn** son
**solch(-e,-er,-es)** this kind of; this type of
**sollen** have to* *(had~)*; shall* *(should)*
**Sommer** summer
**Sonne** sun
**sparen** save
**spät** late
**spazierengehen** go for a walk* *(went, gone~)*
**Spiegel** mirror
**Spiel** game; match
**spielen** play
**Spielzeug** toy
**Sport** sport
**Sprache** language
**sprechen** speak* *(spoke, spoken)*
**Spritze** shot; syringe
**Staatsangehörigkeit** nationality; citizenship
**Stadt** city; town
**stark** strong
**Staubsauger** vacuum cleaner
**Steckdose** outlet
**stehen** stand* *(stood)*
**steil** steep
**Stein** stone; rock
**Stelle** place; spot
**stellen** place; put* *(put)*
**sterben** die; pass away
**Stil** design; style

**Stimme** voice
**Stoff** fabric
**stören** disturb
**Strafe** punishment
**Strand** beach
**Straße** street; road
**Straßenbahn** train
**streiten** fight* *(fought)*
**Stromkabel** electric cord
**Stück** piece; part; play *Theater*
**Student** student
**Stunde** hour
**suchen** look for; search
**Süden** south
**Summe** sum; amount
**Suppe** soup; bisque; chowder
**süß** sweet

## T

**Tabak** tobacco
**Tablette** pill
**Tag** day
**täglich** daily; everyday
**Tal** valley
**Tankstelle** gas station
**Tante** aunt
**tanzen** dance
**Tasche** bag; purse *Hand-*
**Taxi** cab; taxi
**Telefon** phone
**telefonieren** call
**Telegramm** telegramm; wire
**teuer** expensive
**Theater** theater
**tief** deep
**Tier** animal
**Tochter** daughter
**Tod** death
**Toilette** bathroom; restroom; toilet

**Toilettenpapier** toilet paper
**toll** awesome
**tot** dead
**töten** kill
**Tradition** tradition
**tragen** carry *schleppen*; wear* *(wore, worn) Kleidung*
**traurig** sad
**treffen** meet* *(met)*
**Treppe** stairs *Mz.*; staircase
**trinken** drink* *(drank)*
**Trinkgeld** tip
**trocken** dry
**tun** do* *(did; done)*
**Tür** door
**Turm** tower
**Typ** guy

## U

**U-Bahn** subway
**üben** practise
**über** above; over *örtl.*; more *mehr*; past *zeitl.*
**überall** everywhere
**übergeben, sich** throw up* *(threw; thrown)*
**überholen** pass
**übermorgen** the day after tomorrow
**übersetzen** translate
**Übersetzer** translator
**Überweisung** transfer
**übrig** left
**Uhr** clock; watch
**um** at
**um zu ...** in order to
**umarmen** embrace
**Umleitung** detour
**Umstand** circumstance
**umtauschen** exchange
**Umweg** detour

**hundred sixty-three**  handred ßikßtiithrii  **163**

# Wörterliste Deutsch – Amerikanisch

**Umwelt** environment
**unbekannt** unfamiliar; unknown
**und** and
**Unfall** accident
**Universität** college; university
**unmöglich** impossible
**unschuldig** innocent; not guilty
**unten** at the bottom
**unter** under; below
**Unterhaltung** conversation
**Unterkunft** accomodation
**unterrichten** teach* *(tought)*
**unterschreiben** sign
**untersuchen** check
**Ur-** native
**Urlaub** vacation

## V

**Vater** dad; father
**Ventilator** fan
**verabreden** meet* *(met)*; make an appointment* *(made~)*; date *Liebe*
**Verabredung** meeting; appointment; date
**verboten** prohibited
**Verbrechen** crime
**verdienen** earn
**Verfallsdatum** expiration date
**vergessen** forget* *(forgot, forgotten)*
**vergnügen** enjoy
**verirren** get lost* *(got; gotten~)*
**verkaufen** sell* *(sold)*
**verlangen** charge *Geld*; ask for

**verlängern** extend
**verlassen** quit* *(quit)*
**verleihen** borrow
**verletzen** hurt* *(hurt)*; injure
**Verletzung** injury
**verlieben** fall in love* *(fell; fallen)*
**verlieren** loose* *(lost)*
**vermieten** rent* *(rent)*
**Vermittlung** agency; operator *Telefon*
**verringern** reduce
**Versicherung** insurance
**verspäten** be late* *(was / were, been)*; delay
**versprechen** promise *jmd.*; make a slip *(made)*
**Verstand** sense; brains *Mz.*
**verstehen** understand
**versuchen** try
**viel** a lot; many
**vielleicht** maybe
**Vogel** bird
**Volk** nation; people; tribe
**voll** full
**von** from; of
**vor** before; in front of
**vorbereiten** prepare
**vorgestern** the day before yesterday
**vorher** beforehand; before
**Vormittag** morning; a.m.
**Vorname** first name
**vorne** front; in front
**vorschlagen** propose
**vorstellen** imagine; introduce *jmd.*
**Vorwahlnummer** area code; country code

## W

**Wahl** choice
**wahr** true
**während** during; while
**Währung** currency
**Wald** forest; woods *Mz.*
**Wand** wall
**wandern** hike; walk
**Ware** goods *Mz.*
**warm** hot; warm
**Warnung** warning
**warten** wait
**waschen** wash
**Wasser** water
**Wasserhahn** faucet
**WC** bathroom; restroom
**wechseln** exchange *Geld*; replace *Glühbirne*
**wecken** wake up
**Weg** way; road; path, trail
**wegen** because of; due to
**weggehen** leave* *(left)*
**weiblich** female
**weil** because
**weinen** cry
**weit** far *entfernt*; wide; baggy *Kleidung*
**weitere** further
**wenig** few; little
**weniger** less
**wenn** than *als*; if *falls*
**Werbung** ad(vertisement)
**werden** get* *(got, gotten)*; will* *(would)*
**Westen** west
**Wetter** weather
**wichtig** important
**wie** how; like *Vergl.*
**wieder** again
**wiederholen** repeat
**Wind** wind
**Winter** winter

**164** | hundred sixty-four  handrəd ßikßtiifoor

# Wörterliste Amerikanisch – Deutsch

**winzig** tiny; small
**wissen** know* *(knew, known)*
**Woche** week
**wohnen** live
**Wohnmobil** motorhome
**Wohnung** apartment; condo
**Wohnwagen** trailer
**wollen** like to; want
**Wort** word
**Wörterbuch** dictionary
**Wunde** injury; wound
**wünschen** wish
**Wüste** desert

## Z

**zahlen** pay
**Zahnarzt** dentist
**Zahnpasta** toothpaste
**Zebrastreifen** crosswalk
**zeigen** show
**Zeit** time
**Zeitung** newspaper
**Zelt** tent
**Zentrum** center; downtown
**ziehen** pull
**Zigarette** cigarette
**Zimmer** room
**Zoll** customs *Mz.*
**zu** too; also
**zufrieden** happy
**Zug** train
**zuhören** listen
**zurück** back
**zusammen** together
**zustimmen** agree
**zuviel** too much/many
**zwischen** between

## A

**a** ein, -e, -er
**a bit** ein bisschen
**a bunch** einige
**a couple** einige; paar
**a few** einige; etwas; ein paar
**a little** ein bisschen; etwas
**a lot** viel
**abortion** Abtreibung
**about** etwa; über
**above** über; oberhalb
**accept** annehmen
**accident** Unfall
**accomodation** Unterkunft
**accompany** begleiten
**accurate** genau
**across from** gegenüber von
**ad(vertisement)** Werbung
**address** Adresse
**adhesive tape** Klebeband
**advice** Rat
**afraid** sich fürchten
**afternoon** Nachmittag
**afterwards** danach
**again** noch einmal; wieder
**against** gegen
**age** Alter
**agency** Vermittlung
**ago** her
**agree** zustimmen
**agriculture** Landwirtschaft
**airport** Flughafen
**aisle** Gang (Flugzeug)
**alcohol** Alkohol
**alike** ähnlich
**all** alle(s); ganz
**alley** Gasse
**allow** erlauben
**allowed to** dürfen
**almost** fast
**alone** allein
**already** schon

**also** auch
**although** obwohl
**aluminum** Aluminium
**always** immer
**am** (ich) bin *(von be)*
**a.m.** morgen
**ambulance** Rettungswagen
**amount** Menge; Quantität
**and** und
**animal** Tier
**annual** jährlich
**answer** Antwort; antworten
**apartment** Wohnung
**apologize** entschuldigen
**appointment** Verabredung
**are** (wir, ihr, sie) sind *(von be)*
**area** Gegend
**argue** argumetieren
**arrival** Ankunft
**arrive** ankommen
**art** Kunst
**artificial** künstlich
**ask** fragen; bitten
**ass** Hintern
**asshole** Arschloch
**at** bei; um
**ate** aß *(von eat)*
**ATM** Geldautomat
**attorney** Rechtsanwalt
**aunt** Tante
**Austria** Österreich
**Austrian** Österreicher(in)
**available** erhältlich
**aweful** furchtbar
**awesome** toll

## B

**back** hinten; zurück
**backback** Rucksack
**back-up lights** Rückfahrleuchte

**hundred sixty-five** handr$^e$d ßikßtiifeiv  | **165**

# Wörterliste Amerikanisch – Deutsch

**backward** rückständig
**bad** schlecht
**bag** Tasche; Koffer
**baggy** weit
**bank** Bank (Geld)
**bar** Kneipe
**bargain** handeln
**batery** Batterie
**bath** Badezimmer
**bathe** baden
**bathroom** Toilette
**bathtub** Badewanne
**be** sein
**beach** Strand
**beautiful** schön
**because** weil
**because of** wegen
**become** werden
**bed** Bett
**bedroom** Schlafzimmer
**been** gewesen *(von be)*
**before** bevor; vor; vorher
**begin** anfangen
**began** fing an *(von begin)*
**begun** angefangen *(von begin)*
**be happy** sich freuen
**behind** hinter
**be late** sich verspäten
**believe** glauben
**below** unten
**best before** gebrauchen vor
**betray** betrügen
**better** besser
**between** zwischen
**big** groß
**bike** Fahrrad
**bill** Rechnung; Schein
**bird** Vogel
**birthday** Geburtstag
**boardwalk** Promenade
**boat** Boot
**book** Buch; buchen

**booth** Kiosk
**border** Grenze
**boring** langweilig
**borrow** leihen; verleihen
**boss** Chef
**bother** nerven
**bottle** Flasche
**bought** kaufte; gekauft *(von buy)*
**box** Karton
**boy** Junge
**bread** Brot
**break** brechen; Pause
**breakdown** Panne
**breakfast** Frühstück
**breast** Brust
**bridge** Brücke
**bright** hell
**bring** bringen
**broke** brach *(von break)*
**broken** kaputt; gebrochen *(von break)*
**brother** Bruder
**brought** brachte; gebracht *(von bring)*
**buddy** Kumpel
**bug** Insekt
**build** bauen
**building** Gebäude
**burglary** Einbruch
**burn** brennen
**bus** Bus
**business** Geschäft
**bus stop** Haltestelle
**but** aber
**buy** kaufen
**by** durch
**bye** Tschüss

## C

**cab** Taxi
**call** rufen; telefonieren

**call collect** R-Gespräch
**camera** Fotoapparat
**camper** Wohnwagen
**can** Dose; können
**cancel** absagen
**car** Auto; Fahrzeug; Wagen
**carry** tragen
**cart** Einkaufswagen
**cash** Bargeld
**cashier** Kasse
**castle** Burg
**catholic** katholisch
**center** Zentrum
**chance** Gelegenheit
**charge** verlangen
**cheap** billig
**check** Rechnung; Scheck
**check in** Hotel check in
**chest** Brust(korb)
**chew** kauen
**child** Kind
**choice** Alternative; Wahl
**church** Kirche
**cigarette** Zigarette
**circumstance** Umstände
**citizen** Bürger
**city** Stadt
**clean** sauber; säubern
**cleanliness** Hygiene
**climate** Klima
**clock** Uhr
**close** nah; schließen
**closet** Schrank
**club** Diskothek
**coast** Küste
**coffee shop** Café
**cold** kalt
**collect** sammeln
**college** Universität
**color** Farbe
**color print film** Farbfilm
**colored** bunt
**come** kommen; gekommen

**166** hundred sixty-six handrᵈd ßikßtiißikß

# Wörterliste Amerikanisch – Deutsch

**comfortable** bequem; gemütlich
**comforter** Daunendecke
**company** Firma
**compatible** passend
**complain** beschweren
**complicated** kompliziert
**concern** Besorgnis
**concert** Konzert
**condition** Bedingung
**condominium** Wohnung
**conductor** Chauffeur
**cone** Hörnchen
**congratulate** gratulieren
**consulate** Konsulat
**container** Gefäß
**control** kontrollieren
**conversation** Gespräch; Unterhaltung
**convertible** Cabrio
**cook** kochen
**cool** kühl
**correct** korrigieren; richtig
**cost** kosten (Preis)
**count** rechnen
**country** Land
**country code** Vorwahlnummer
**couple** Ehepaar; Paar
**cover** Decke (Bett)
**cozy** gemütlich
**crafts** Kunstgewerbliches
**credit card** Kreditkarte
**crime** Verbrechen
**cry** weinen
**curb** Bürgersteig
**cure** heilen
**curious** neugierig
**currency** Währung
**custom** Brauch
**customs** Zoll

## D

**dad** Vater
**daily** täglich
**dance** tanzen
**dangerous** gefährlich
**dark** dunkel
**date** Datum; verabreden; Verabredung
**daughter** Tochter
**dawn** Morgendämmerung
**day** Tag
**dead** tot
**dead end** Einbahnstraße
**death** Tod
**decide** entscheiden
**deep** tief
**delayed** verspätet
**delivery** Lieferung
**dentist** Zahnarzt
**deposit** Schließfach
**describe** beschreiben
**description** Beschreibung
**desert** Wüste
**design** Stil
**dessert** Nachtisch
**detour** Umleitung; Umweg
**dialect** Dialekt
**diarrhea** Durchfall
**dictionary** Wörterbuch
**did** tat *(von do)*
**die** sterben
**difficult** schwierig (nicht einfach)
**direction** Richtung
**dirt road** ungeteerd Straße
**dirty** schmutzig
**disco** Diskothek
**discount** Ermäßigung
**distance** Entfernung
**disturb** stören
**diversion** Umleitung
**do** tun

**doctor** Arzt
**documents** Dokument(e)
**done** getan *(von do)*
**door** Tür
**dope** Drogen
**double** doppel
**downtown** Innenstadt
**drank** trank *(von drink)*
**drapes** Gardine
**drink** trinken
**drive** fahren
**driver** Chauffeur
**driver's license** Führerschein
**drugstore** Apotheke
**drunk** betrunken; getrunken *(von drink)*
**dry** trocken
**due to** wegen
**dumb** dumm
**during** während

## E

**each** jeder
**early** früh
**earn** verdienen
**earth** Erde
**east** Osten
**easy** leicht (einfach)
**eat** essen
**eaten** gegessen *(von eat)*
**edible** essbar
**effect** beeinflussen
**effort** Mühe
**electric cord** Stromkabel
**electrical outlet** Steckdose
**elementary school** Grundschule
**elevator** Aufzug; Lift
**embarrassing** peinlich
**embassy** Botschaft
**embrace** umarmen

**hundred sixty-seven** hand$^r$d ßikßtiißev$^e$n | **167**

# Wörterliste Amerikanisch – Deutsch

**emergency** Notfall
**emotions** Gefühle
**employee** Angestellte(r)
**employer** Arbeitgeber
**empty** leer
**end** Ende
**English** englisch
**enjoy** geniessen
**enormous** riesig
**enough** genug
**enter** eintreten
**entire** ganz
**entrance** Eingang
**envelope** Briefumschlag
**environment** Umwelt
**eraser** Radiergummi
**even** sogar
**evening** Abend
**event** Ereignis
**everybody** jeder
**everyday** täglich
**everything** alles
**everytime** jedesmal
**everywhere** überall
**examine** untersuchen
**example** Beispiel
**excellent** ausgezeichnet
**exchange** umtauschen
**excuse me** entschuldigung
**exhibition** Ausstellung
**exit** Ausfahrt; Ausgang
**expect** erwarten
**expensive** teuer
**expiration date**
 Verfallsdatum
**explain** erklären
**export** Ausfuhr
**express** schnell
**expressway** Schnellstraße
**extend** verlängern

## F

**fabric** Stoff
**face** Gesicht
**factory** Fabrik
**fall** fallen; Herbst
**familiar** bekannt
**family** Familie
**famous** berühmt
**fan** Ventilator
**far** lang; weit
**far away** fern
**fare** Fahrpreis
**farmer** Bauer
**fashion** Mode
**fast** schnell
**fat** dick; fett
**father** Vater
**faucet** Wasserhahn
**fault** Fehler
**favor** Bitte
**fax** Fax
**fear** Angst
**fee** Gebühr
**feel** sich fühlen
**feeling** Gefühl
**felt** fühlte; gefühlt *(von feel)*
**female** weiblich
**ferry** Fähre
**fever** Fieber
**few** wenig
**field** Feld
**fight** streiten
**fill in** ausfüllen
**film** Film
**find** finden
**finger** Finger
**finish** beenden
**fire** Brand; Feuer
**fire department** Feuerwehr
**firm** fest
**first name** Vorname
**fit** sitzen; passen

**flash** Blitz
**flat** flach
**flat tire** platter Reifen
**flavor** Geschmack
**flew** flog *(von fly)*
**flight** Flug
**flirt** flirten
**floor** Etage
**flower** Blume
**flown** geflogen *(von fly)*
**flu** Grippe
**fly** fliegen
**foot** Fuß
**for** für
**foreign** ausländisch; fremd
**foreign country** Ausland
**foreigner** Ausländer
**forest** Wald
**forget** vergessen
**forgot** vergaß *(von forget)*
**forgotten** vergessen *(von forget)*
**fork** Gabel
**form** Formular
**fotography** Fotografie
**fought** stritt; gestritten *(von fight)*
**found** fand; gefunden *(von find)*
**frame** Rahmen
**free** frei; kostenlos
**freeway** Schnellstraße
**freeze** frieren
**fresh** frisch
**friend** Freund(in)
**friendly** freundlich
**friendship** Freundschaft
**from** von
**front** vorne
**front desk** Empfang
**froze** fror *(von freeze)*
**frozen** gefroren *(von freeze)*
**full** satt; voll

**168** | hundred sixty-eight  handrᵉd ßikßtii | ejt

# Wörterliste Amerikanisch – Deutsch

funny  lustig
further  weitere

## G

galery  Galerie
game  Spiel
garbage  Müll
garden  Garten
gas  Benzin; Gas
gas station  Tankstelle
gave  gab *(von give)*
gay  schwul
gearshift  Schaltknüppel
German  Deutsch(e,r)
Germany  Deutschland
get  empfangen; werden; holen
get healthy  sich erholen
get in  einsteigen
get lost  sich verirren
get off  aussteigen
get up  aufstehen
get used to  sich gewöhnen an
girl  Mädchen
girlfriend  Freund(in)
give  geben
given  gegeben *(von give)*
give permission  erlauben
glad  froh
glass  Glas
glasses  Brille
go  gehen
go for a walk  spazierengehen
god  Gott
gold  Gold
gone  ging *(von go)*
good  gut
goods  Ware
got  bekam *(von get)*
gotten  bekommen *(von get)*

grade  Klasse
grain  Getreide
grammar  Grammatik
grandchild  Enkel(in)
grandfather  Großvater
grandma  Großmutter
grandmother  Großmutter
grandpa  Großvater
gras  Gras
greet  begrüßen; grüßen
groceries  Lebensmittel
ground  Boden
group  Gruppe
guest  Gast
guide  Führer
guided tour  Führung
guilty  schuldig
guy  Typ

## H

had  hatte *(von have)*
haggle over  feilschen
hair spray  Haarspray
half  Hälfte
happen  passieren
happy  fröhlich; glücklich; zufrieden
hard  fest; hart
has  (er,sie,es) hatte *(von have)*
have  haben
have a cold  erkältet sein
have breakfast  frühstücken
have to  müssen; sollen
he  er
health  Gesundheit
healthy  gesund
hear  hören
heard  hörte; gehört *(von hear)*
heavy  schwer (nicht leicht)

height  Höhe
held  hielt; gehalten *(von hold)*
help  helfen; Hilfe
hen party  Jungesellinenfete
her  ihr/e
here  hier
herself  selbst
hi  hallo
high  hoch
highway  Autobahn
hike  wandern
hill  Hügel
himself  selbst
his  sein/e
history  Geschichte (hist.)
hit  schlagen; schlug, geschlagen
hold  halten
hole  Loch
holiday  Feiertag
hood  Motorhaube
hope  hoffen
hospital  Krankenhaus
hospitality  Gastfreundschaft
host  Gastgeber
hot  heiß; scharf; warm
hotel  Hotel
hour  Stunde
house  Haus
housewife  Hausfrau
how  wie
how many  wie viele
how much  wie viel
huh?  wie bitte?
human being  Mensch
hungry  hungrig
hurricane  Wirbelsturm
hurry up  sich beeilen
hurt  schmerzen; verletzt(e)
husband  Ehemann; Mann

hundred sixty-nine  handrᵊd ßikßtiinein  **169**

# Wörterliste Amerikanisch – Deutsch

## I

**I** ich
**ice** Eis
**ID** Ausweis
**identity card** Ausweis
**if** ob; wenn (falls)
**ill** krank
**illness** Krankheit
**imagine** vorstellen
**immediately** sofort
**import** Einfuhr
**important** wichtig
**impossible** unmöglich
**impression** Eindruck
**in** in (örtl.); in (zeitl.)
**in front** vorne; vor
**in order to** damit; um zu ...
**income** Einkommen
**industry** Industrie
**infect** anstecken
**inform** informieren
**information** Information
**inhabitants** Einwohner
**injured** verletzt
**injury** Verletzung; Wunde
**innocent** unschuldig
**insect** Insekt
**inspect** untersuchen
**insult** beleidigen
**insurance** Versicherung
**intelligent** klug
**interested in** interessieren
**interesting** interessant
**international** international
**introduce** vorstellen
**invitation** Einladung
**invite** einladen
**island** Insel
**it** es
**itself** selbst

## J

**jail** Gefängnis
**jewelry** Schmuck
**join** mitmachen
**journalist** Journalist
**journey** Reise
**just** genau
**just about** fast

## K

**keep** behalten; erhalten
**kept** behielt, behalten *(von keep)*
**key** Schlüssel
**kind** Art
**kiss** küssen
**knife** Messer
**knew** kannte *(von know)*
**know** kennen; wissen
**known** gekannt, gewusst *(von know)*

## L

**lake** See
**lamp** Lampe
**landscape** Landschaft
**language** Sprache
**large** groß
**last** letzte
**last name** Familienname
**late** spät
**laugh** lachen (über etw.)
**law** Gesetz; Recht
**lawyer** Anwalt
**lay** legen; liegen
**lazy** faul (träge)
**leaf** Blatt
**leaflet** Prospekt
**learn** lernen
**leave** abfahren; abreisen; weggehen
**left** links; übrig; ging; gegangen *(von leave)*
**less** weniger
**let** lassen; ließ; gelassen
**letter** Brief; Buchstabe
**license plate** Nummernschild
**lie** lügen
**life** Leben
**lift** heben; hob; gehoben
**light** hell; leicht; Licht
**lightening** Gewitter
**like** gefallen; gern; wie; wollen
**line** Schlange (anstehen)
**listen** zuhören
**little** klein; wenig
**live** leben; wohnen
**local** regional
**long** lang
**look** aussehen
**look for** suchen
**loose** verlieren (Dinge)
**lost** verloren
**loud** laut
**love** lieben
**low** niedrig
**luck** Glück
**lunchtime** Mittag

## M

**made** machte; gemacht *(von make)*
**mail** Post
**main** Haupt-
**make** machen
**make a reservation** reservieren
**make a slip** sich versprechen
**man** Mann

170 | **hundred seventy** hand̶rᵉd ßevᵉndii

# Wörterliste Amerikanisch – Deutsch

**many** viel
**map** Karte
**market** Markt
**marriage** Hochzeit
**may** dürfen
**maybe** vielleicht
**medicin** Medikament
**meet** treffen; verabreden
**meeting** Verabredung
**member** Mitglied
**memorial** Denkmal
**memorize** sich merken
**men** Männer
**message** Nachricht
**met** traf; getroffen *(von meet)*
**middle** Mitte
**minute** Minute
**mirror** Spiegel
**Miss** Fräulein
**mistake** Fehler
**modern** modern
**moist** feucht
**mom** Mutter
**money** Geld
**month** Monat
**more** mehr; über
**morning** Morgen; Vormittag
**mostly** meist
**motel** Motel
**mother** Mutter
**motor home** Wohnmobil
**motorbike** Motorrad
**motorboat** Motorboot
**motorhome** Wohnmobil
**mountain** Berg
**mountain range** Gebirge
**movie theater** Kino
**movies** Kino
**Mr.** Herr
**Mrs.** Frau
**Ms.** Frau
**mufler** Auspuff

**museum** Museum
**music** Musik
**must** müssen
**my** mein/e
**myself** selbst

## N

**nail polish** Nagellack
**nail polish remover** Nagellackentferner
**name** Name
**napkin** Serviette
**narrow** eng; schmal
**nartural** natürlich
**nation** Volk
**nationality** Staatsangehörigkeit
**native** Ur-
**nature** Natur
**near** nah
**necessary** notwendig
**need** brauchen
**needle** Nadel
**never** niemals
**new** neu
**newspaper** Zeitung
**next** nächste
**next to** neben
**night** Nacht
**no** nein
**nobody** niemand
**noisy** laut
**noon** Mittag
**normal** normal
**north** Norden
**not** nicht
**not allowed** verboten (sein)
**not guilty** unschuldig
**nothing** nichts
**notify** benachrichtigen
**now** jetzt
**nowhere** nirgendwo/-hin

**nude** nackt
**number** Nummer

## O

**ocean** Meer
**of** von
**office** Behörde; Büro
**often** oft
**oil** Öl
**ointment** Salbe
**ok** einverstanden
**old** alt
**on** auf; in
**on time** pünktlich
**once** einmal
**once agaon** noch einmal
**one** man
**one another** einander
**oneself** selbst
**only** einfach; nur
**open** auf; geöffnet; öffnen
**operator** Vermittlung
**opinion** Meinung
**opposite from** gegenüber
**or** oder
**order** bestellen
**order** Bestellung
**organ** Organ
**organize** organisieren
**our** unser/e
**ourself** selbst
**out** aus
**over** aus; über
**owner** Besitzer

## P

**pack** Päckchen
**package** Paket
**packet** Päckchen
**pain** Schmerz
**paint** malen

**hundred seventy-one** handrᵉd ßevᵉndiiwan | **171**

# Wörterliste Amerikanisch – Deutsch

**painting** Bild
**pair** Paar
**paper** Papier
**parents** Eltern
**park** Park; parken
**parking (lot)** Parkplatz
**party** Feier; feiern; Fest
**pass** überholen
**passport** Pass
**past** nach; über
**pastries** Gebäck
**patient** Patient
**pay** bezahlen
**pay** zahlen
**peace** Frieden
**ped xing** Achtung
  Zebrastreifen!
**pencil** Bleistift
**people** Leute; Volk
**permit** Erlaubnis
**person** Mensch; Person
**phone** Telefon
**picture** Bild
**piece** Stück
**pill** Tablette
**pissed off** sauer
**place** Ort; Stelle; stellen
**places of interest**
  Sehenswürdigkeiten
**plan** Plan
**plane** Flugzeug
**plant** Pflanze
**platform** Bahnsteig
**play** spielen
**poison** Gift
**poisonous snake**
  Giftschlange
**police** Polizei
**polite** höflich
**politics** Politik
**poor** arm
**popular** beliebt
**population** Bevölkerung

**position** Lage (geogr.)
**possible** möglich
**post office** Post(amt)
**postcard** Postkarte
**practise** üben
**precise** genau
**pregnant** schwanger
**prepare** vorbereiten
**present** Geschenk
**price** Preis
**private** privat
**problem** Problem
**profession** Beruf
**program** Programm
**prohibited** verboten (sein)
**promise** versprechen
**pronunciation** Aussprache
**proof** Beweis
**property** Eigentum
**propose** vorschlagen
**pub** Gaststätte
**pull** ziehen
**punctual** pünktlich
**punish** bestrafen
**punishment** Strafe
**pupil** Schüler(in)
**pus** Eiter
**push** drücken
**put** stellen; stellte; gestellt

## Q

**quality** Qualität
**quantity** Menge; Quantität
**queer** homosexuell
**question** Frage
**quick** schnell
**quilt** Decke
**quit** aussteigen; verlassen;
  stieg aus; verlies;
  ausgestiegen; verlassen
**quite** ganz

## R

**radio** Radiogerät
**rain** Regen
**raising** heraufbringen
**ran** rannte; gerannt *(von run)*
**rarely** selten
**raw** roh
**read** lesen; las, gelesen
**ready** fertig
**really** echt
**reason** Grund
**recommend** empfehlen
**record** Schallplatte
**reduce** verringern
**region** Gegend
**register** registrieren
**relax** entspannen
**remember** erinnern, sich
**rent** mieten; vermieten;
  mietete; vermietete;
  gemietet; vermietet
**repare** reparieren
**repeat** wiederholen
**replace** wechseln
**rest** Ruhe
**restaurant** Restaurant
**restroom** Toilette
**return trip** Rückfahrt
**rich** reich
**ride** fahren
**right** genau; Recht; rechts;
  richtig
**rights** Rechte
**ripe** reif
**river** Fluss
**roof** Dach
**room** Raum
**room** Zimmer
**rope** Seil
**rotten** faul
**rubber** Kondom
**run** laufen

**172** | **hundred seventy-two** handrªd ßevªndiituu

# Wörterliste Amerikanisch – Deutsch

## S

**sad** traurig
**safety** Sicherheit
**said** sagten
**salt** Salz
**sand** Sand
**sang** sang; gesungen *(von sing)*
**sanitary napkin** Binde
**save** aufheben; sparen
**saw** sah; gesehen *(von see)*
**say** sagen
**schedule** Fahrplan
**school** Schule
**scissors** Schere
**sea** Meer
**search** suchen
**season** Jahreszeit
**seasonings** Gewürze
**second** Sekunde
**see** sehen
**seen** gesehen *(von see)*
**seems** scheint
**seldom** selten
**sell** verkaufen
**send** schicken, senden
**sense** Verstand
**sent** schickte; geschickt *(von send)*
**sentence** Satz
**shall** müssen; sollen
**she** sie (Ez.)
**sheet** Blatt
**sheets** Laken
**ship** Schiff
**shoot** schießen
**shop** Geschäft (Laden)
**short** kurz
**shot** Spritze; schoss; geschossen
**show** zeigen
**shower** Dusche

**sick** krank
**side** Seite
**sidewalk** Bürgersteig
**sign** unterschreiben
**silk** Seide
**silver** Silber
**similar** ähnlich
**simple** einfach
**simply** einfach
**since** seit
**sing** singen
**single** ledig
**sister** Schwester
**sit** sitzen
**sit down** sich setzen
**size** Größe
**skies** Skier
**skinny** dünn
**sleep** schlafen
**sleeping bag** Schlafsack
**sleeveless** ärmellos
**slept** schlief; geschlafen *(von sleep)*
**slow** langsam
**small** klein
**smart** klug
**smell** Geruch; riechen
**smile** lächeln
**smoke** rauchen
**so** so
**soap** Seife
**soccer** Fußball
**society** Gesellschaft
**sold** verkaufte; verkauft *(von sell)*
**some** ein bisschen; einige; etwas
**somebody** jemand
**someone** jemand
**something** etwas
**sometimes** manchmal
**son** Sohn
**song** Lied

**soon** bald
**soup** Suppe
**south** Süden
**spare part** Ersatzteil
**speak** sprechen
**speed limit** Geschwindigkeitsbegrenzung
**spell** buchstabieren
**spice** Gewürz
**spicy** scharf
**spoke** sprach *(von speak)*
**spoken** gesprochen *(von speak)*
**spoon** Löffel
**sports** Sport
**spring** Frühling
**square** Platz
**stain** Fleck
**stairs** Treppe
**stamp** Briefmarke
**stand** stehen
**start** abfahren
**stay** Aufenthalt; bleiben
**steep** steil
**still** noch
**stone** Stein
**stood** stand; gestanden *(von stand)*
**stop** anhalten; aufhören; halten
**store** Geschäft
**story** Geschichte
**straight** direkt
**straight ahead** geradeaus
**strange** fremd
**street** Straße
**streetcar** Straßenbahn
**strong** hart; stark
**student** Student
**stupid** dumm
**style** Stil
**subway** U-Bahn
**success** Erfolg
**suddenly** plötzlich

**hundred seventy-three** handred ßev°ndiithrii | **173**

# Wörterliste Amerikanisch – Deutsch

suitcase Koffer
sum Summe
summer Sommer
sun Sonne
sure sicher
surely sicher
surroundings Umgebung
swam schwamm *(von swim)*
sweat schwitzen
sweet süß
swim schwimmen
Swiss Schweizer(in)
Switzerland Schweiz
swum geschwommen *(von swim)*

### T

take dauern; nehmen
taken genommen *(von take)*
take pictures fotografieren
take-off abfliegen
talk reden
tall groß; hoch
taste kosten
tasty schmackhaft
tax Zoll
taxi Taxi
teach unterrichten
techer Lehrer(in)
teens Jugendliche
telegramm Telegramm
television Fernsehgerät
tell erzählen
tent Zelt
term Begriff
than als; wenn
thank danken
thanks danke
that dass; jener
the der; die; das
the day after tomorrow
  übermorgen

the day before yesterday
  vorgestern
theater Theater
their ihr/e
themselves selbst
then dann
there da; dort
therefore darum; deshalb
these diese(r,s)
they sie (Mz.)
thick dick
thin dünn
thing Ding; Sache
think denken
thirsty durstig
this dies
this kind of solch(e,er,es)
this type of solch(e,er,es)
thread Faden
through durch (hindurch)
throw up übergeben, sich
thru durch (hindurch)
ticket Fahrkarte; Flugticket
ticket fee Fahrpreis
time Zeit
tiny winzig
tip Trinkgeld
tire Reifen
tired müde
to damit; nach
tobacco Tabak
today heute
together zusammen
toilet Toilette
toilet paper Toilettenpapier
told erzählt(e); *(von tell)*
tomorrow morgen
too auch; zu (sehr)
took nahm *(von take)*
too much zuviel
toothpaste Zahnpasta
tought lehrte; gelehrt *(von teach)*

tow a car abschleppen
tower Turm
town Stadt
toys Spielzeug
trade Handel
tradition Tradition
train Eisenbahn;
  Straßenbahn; Zug
train station Bahnhof
transfer Überweisung
translate übersetzen
translator Dolmetscher;
  Übersetzer
trash Müll
trash can Mülleimer
travel reisen
travel agent Reisebüro
treat behandeln (Krankh.)
tree Baum
trip Reise
truck LKW
true wahr
trunk Kofferraum
try kosten; versuchen
TV Fernsehgerät

### U

ugly hässlich
umbrella Regenschirm
uncle Onkel
unconcious bewusstlos
under unter
understand verstehen
undress ausziehen
unfamiliar unbekannt
university Universität
unknown unbekannt
until bis
up oben
upstairs oben
urgent dringend
useful nützlich

**174** | hundred seventy-four hand<sup>e</sup>d ßev<sup>e</sup>ndiifoor

# Wörterliste Amerikanisch – Deutsch

## V

**vacancy** Zimmer, frei
**vacation** Ferien; Urlaub
**vacuum cleaner** Staubsauger
**valid** gültig
**valley** Tal
**vegetables** Gemüse
**veggies** Gemüse
**vehicle** Fahrzeug; Wagen
**very** sehr
**victim** Opfer
**view** Aussicht
**village** Dorf
**visit** besichtigen; besuchen
**visitor** Besuch
**voice** Stimme

## W

**wage** Lohn, Gehalt
**wait** warten
**wake up** aufwachen; wecken
**walk** gehen; laufen
**wall** Wand
**want** wollen
**warm** herzlich; warm
**warning** Warnung
**was** (er, sie, es) war *(von be)*
**wash** waschen
**watch** Uhr
**water** Wasser
**way** Weg
**we** wir
**weak** schwach
**weather** Wetter
**wedding** Hochzeit
**week** Woche
**weight** Gewicht
**well** gut
**went** ging *(von go)*
**were** (wir, ihr sie) waren *(von be)*
**west** Westen
**wet** nass
**what** was
**when** als; wann
**where** wo
**where from** woher
**where to** wohin
**which** welcher
**while** während
**who** wer
**whole** ganz
**whose** wessen
**why** warum
**wide** breit; weit
**wife** Ehefrau
**wild** wild
**will** werden
**wind** Wind
**window** Fenster
**windshield** Windschutzscheibe
**windshield (car)** Fensterscheibe (Auto)
**winter** Winter
**wire** Telegramm
**wish** wünschen
**with** mit
**without** ohne
**woke** weckte *(von wake)*
**woken** geweckt *(von wake)*
**woman** Frau
**wood** Holz
**word** Wort
**wore** trug *(von wear)*
**work** arbeiten
**worker** Arbeiter(in)
**worn** getragen *(von wear)*
**would** würde *(von will)*
**wound** Wunde
**wrench** Schraubenschlüssel
**write** schreiben
**written** geschrieben *(von write)*
**wrong** falsch
**wrote** schrieb *(von write)*

## Y

**year** Jahr
**yell** rufen; schreien
**yes** ja
**yesterday** gestern
**yet** noch
**you** du; man; Sie
**young** jung
**your** dein/e; euer/e
**yourself** selbst
**yummy** schmackhaft

## Z

**zip code** Postleitzahl

**hundred seventy-five** handrd ßevndiifeiv | **175**

# Die Autorin

## Die Autorin

**E**lfi H. M. Gilissen (geboren 1969) ist studierte Diplom-Übersetzerin für Chinesisch und Indonesisch, befasst sich aber als freiberufliche Autorin und Lektorin mit vielen Sprachen und somit Ländern der Welt. Die Liebe zu Sprachen wurde ihr schon vom niederländischen Vater und der flämischen Mutter in die Wiege gelegt.

Eigentlich auf Südwestchina und vor allem Tibet eingeschworen, wurde durch die zufällige Begegnung mit einem Australier ihr Interesse am fünften Kontinent geweckt. Seit der ersten gemeinsamen Reise nach Australien im Jahr 2000 fährt sie auch ohne ihren australischen Lebensgefährten regelmäßig ein- bis zweimal jährlich für längere Zeit durch den Kontinent. Am Niederrhein aufgewachsen, lebt Elfi Gilissen heute mit ihrem australischen Lebensgefährten in den Niederlanden.

Englisch für Australien
ISBN: 978-3-89416-557-4

Weitere bei Reise Know-How erschienene Titel der Autorin sind „Kulturschock Australien", „Australien Auswanderer-Handbuch", „Australiens Outback und Busch entdecken", „Sydney und seine Nationalparks", „Englisch für Australien Wort für Wort", „Flämisch Wort für Wort", „Amerikanisch Wort für Wort", „Niederländisch Slang" und das in englischer Sprache verfasste „German Slang". Weitere Buchprojekte zum Thema Australien sind schon in Arbeit.

Flämisch
ISBN: 978-3-89416-775-2

Niederländisch Slang
ISBN: 978-3-89416-461-4